师者情怀

傅学燕与小学数学行思录

傅学燕 ◎ 著

东北师范大学出版社

长　春

图书在版编目（CIP）数据

师者情怀：傅学燕与小学数学行思录 / 傅学燕著
— 长春：东北师范大学出版社，2020.8
ISBN 978-7-5681-7098-7

Ⅰ.①师… Ⅱ.①傅… Ⅲ.①小学数学课—教学研究
—文集 Ⅳ.①G623.502-53

中国版本图书馆CIP数据核字（2020）第155620号

□策划创意：刘　鹏
□责任编辑：邓江英　沈　佳　　□封面设计：姜　龙
□责任校对：刘彦妮　张小娅　　□责任印制：许　冰

东北师范大学出版社出版发行
长春净月经济开发区金宝街 118 号（邮政编码：130117）
电话：0431-84568115
网址：http://www.nenup.com
北京言之凿文化发展有限公司设计部制版
北京政采印刷服务有限公司印装
北京市中关村科技园区通州园金桥科技产业基地环科中路 17 号（邮编：101102）
2022年6月第1版　　2022年6月第1次印刷
幅面尺寸：170mm×240mm　印张：14　字数：233千

定价：45.00元

目录
CONTENTS

第一章　以教为基　记录点滴

第二章　教学实录　实践真知

第三章　三尺讲台　硕果累累

第四章　教学反思　成长力量

第五章　学习交流　从未止步

以教为基　记录点滴

做一名拥有主张的教师

我是于1990年7月走出师范学校大门步入三尺讲台的，时间久了，便有了一种"学校感"。所谓"学校感"，其实就是对各种"校园表情"所透露出的学校整体的"生命状态"的某种感觉。这种一再出现的感觉提示我：作为教师，在教育教学中，不仅要把每一个学生视为一个生命体，而且应将教师和学生视为一个生命整体。一个人有自己的性格特点，教师与学生凝成的生命整体也应该有自己的特色，教师因爱而被学生追随，学生个体生命的成长铸就教师文化品位的生长。

国学大家梁漱溟先生曾困惑一个问题：为什么中西医治病的对象是一个人，但两者无法沟通？后来他发现，原因在于它们看待人体的"根本观念"不同——西医是"身体观"，而中医是"生命观"；西医把人体看成静态的、可分的物质实体，而中医则把人体看成动态的、不可分的"整个一体"；西医无论如何解剖，其所看到的仍仅是生命活动"剩下的痕迹"，并非生命活动本身，而中医所得者乃"生命之活体"。

要将师生视为一个生命整体，就必须尊重生命体存在与发展的常识。比如，生命体一定是"活"的、"长"的、"变"的，一定有其自身生长的节奏与规律，一定要靠"自己生长"，且需要外部支持……

我任教于小学，小学阶段是一个人一生发展的基础时期，也是生长发育最旺盛、变化最快、可塑造性最强、接受教育最佳的时期。行为心理学家通过大量的实验证明：0~12周岁，是一个人的记忆力最佳时期；0~12周岁是脑细胞发育成熟时期，人的智力是可以开发的；6~12周岁是良好习惯形成的最佳时期。教育的结果是滞后的，真正的教育不仅体现在对学生现在负责，也体现在对学生的将来负责，更要为学生的一生负责。

基于上述思考，我用系统、全面、发展的眼光，对"课堂是什么""教育教学的使命是什么"等进行了审视，并对学生生长的氛围（教室文化）、阵地（课堂）、知识生长的载体（课程）进行了深刻的反思。历经30年的努力，逐步形成了我的教育教学主张：

课堂是学生生命成长的地方，学生要在这里学会敬畏生命，尊重规则。

课堂是学生知识生长的地方，学生要在这里学会学习，体验成功。

课堂是学生结识伙伴的地方，学生要在这里学会交往，互帮互助。

课堂是学生追寻梦想的地方，学生要在这里拥有梦想，健康成长。

生命的成长、知识的生长，是渐进式地发展。教师要遵循教育规律、学生认知规律，沉下心来静听花开的声音，没有量的积累，就没有质的变化。

结识伙伴，是在团体中完成的，是在分享与交流中生成的，教师要引导学生有责任地生活在一个团体中，互相帮助，共同成长。

追寻梦想，教师不但要清楚做什么、怎么做，更要带领学生坚持做、一起做，做扎实、做完整、做出自己的特色，其目的就是要让每一个学生成长为全面发展的人。

如若说"拥有主张"是初心，那么在实践中永久践行、不断完善才会真正成为"拥有主张"的教师。从教30年来，不论是学历上的提升还是参加培训、研修，不论是做班主任还是做教导处主任，不论是课堂教学还是学生管理，不论是撰写教育教学随笔、日记还是与专家、家长交流，我都从"修炼心态、突破细节"等方面着眼，坚持做、一起做，做扎实、做完整，力求做出自己的特色。

心态，决定高度；心态，决定命运。教育是慢的艺术，学生生命的成长、知识的生长，需要教师耐得住寂寞，怀着一颗坚忍而快乐的心来面对它。修炼心态，即改变自己固有的思维方式，善于用哲学的观点思考问题：掌握矛盾普遍性规律，遇事不回避，有一颗"平常心"；掌握矛盾特殊性规律，遇事不一概而论，具体问题具体分析；掌握矛盾"重点论"原则，不能眉毛胡子一把抓；掌握矛盾"两点论"原理，遇事不以偏概全，坚持"一分为二"；掌握辩证法发展的观点，遇事联系实际，放眼未来；掌握质量互变规律，遇事不急于求成，关注事物细节。就是这样，我在平凡中找到一种积极向前的动力，"在高处立，着平处坐，向阔处行；存上等心，结中等缘，享下等福"，在艰辛的跋涉中体味人生，最终赢得丰厚的收成。

细节，决定成败。把每一件简单的事做好就是不简单，把每一件平凡的事做好就是不平凡。教师应抛弃功利，基于学校，基于师生，从细节入手，始终不渝，就会形成规范，做出特色。

例如，在担任班主任期间，我将小学阶段学生应养成的良好习惯归纳为：上好课、说好话、走好路、做好操、搞好卫生、摆放好课桌椅、穿好校服、戴好红领巾等；制定了"学生一日流程"，将团队管理渗透到教育教学的每一个环节，要求学生"我的地盘我做主""人人有事干，事事有人管""让学生有责任地生活在一个团体里"。

担任教导主任后，针对小学数学课堂教学中存在的问题，我在听课反思中这样写道：数学课即思维课，思维方式决定行为方式。如何在数学课上训练学生正确思维，我认为必须做到以下几点：

引领学生整体把握问题，获取与解决问题有关的信息。获取信息，要循着"整体—部分—整体"的途径，认真分析问题，这是解决问题关键的环节。

在训练中，引领学生形成正确的思维方式，也就是思维的顺序或层次，即"整体—部分—整体"，也就是"问题—与问题相关的信息—解决问题"。

提高解决问题的速度。能够口算的不用笔算，能用简单方式的绝不用复杂的方式，能省略的要省略。当前学生的口算能力普遍差，我认为应强化学生的口算。

正因为坚守"拥有主张"的初心，在"坚持做"与学生"一起做"的过程中，我的"启迪智慧、促进生长"课堂教学特色逐步形成。在学生生命成长、知识生长的同时，我的专业成长之路越走越远：1998年，我工作第8年时荣获市学科带头人，以后每三年复评一次，每次都顺利通过；1999年荣获市劳动教学能手；2003年荣获市数学教学能手；2008年荣获市教坛新星；2009年荣获市创新教师；2011年荣获省数学教学能手；2013年荣获省特级教师；2015年荣获市突出贡献专业技术人员；2018年荣获市十佳名师等称号。

30年风雨兼程，不忘初心，不辱使命，把教书育人作为一项事业，拥有主张、修炼心态、突破细节，做、坚持做、做扎实、做完整、做最好的自己。

表扬的力量

又接了一年级两个班，说实话，学生的表现比想象的要好，因为去年也教过一学期的一年级，学生的课堂常规很是让人头痛，相比之下，今年的学生多数有一定的上课经验，知道些上课常规要求，但也有少数学生习惯不好，一看就很淘，上课脱鞋子，不听课，什么都不会。

一（3）班有个景同学，问他什么都说不会，在我的一再鼓励下，好歹能大声回答问题了，可就是听不明白老师让他做什么，不管怎样，有进步就好。再说一（4）班的张长江，那更是怎一个"愁"字了得！10以内的数数都不会！每每看到他迷茫的眼神，我的心都痛了。没办法，多辅导，多表扬，哪怕是一丁点的进步。

好孩子，真是夸出来的，辅导学习基础差的学生，就得靠夸。魏同学，数字写得不好，"8"我教了几遍她写得都不见长进，当时我就有些着急，但是我越着急，她就越是不长进，没办法，还是夸吧，鼓鼓劲就好多了。教书，把握不住学生心理，就会事倍功半。再说说李同学，小家伙数字写得那真叫漂亮，感觉比我写得都好，课上我总拿他写的字说事，因此，每次作业他都非常认真，上课听讲更是专心致志。

多表扬，多鼓励，让学生感受到自己的努力总能得到教师的认可，他们就会建立起努力学习的信心。对学习基础差的学生，不能"一棍子打死"，使学生觉得学习没有乐趣，只有乏味，不然，我们的教育就是最失败的教育。

自信，在赞美中生长

一个人的自信是建立在别人的赞美之上的，缺少大多数人认同的自信是自负。这篇文章的主人公是一（3）班的景同学，他是一名典型的在老师、同学们的称赞中建立起自信心的学生。

上个学期，景同学是最令我头痛的学生。他上课时从来没有认真听讲的习惯，不知道学习是怎么回事，识字量很少，课本上最基本的练习对他来说都是难题，就像老人们常说的：这孩子不开窍。说实话，我在他身上用的时间不少，却不见效果，连自认为很有耐心的我都开始着急，很是失望。与其家长交流两次，也不见起色。那时真担心，景同学基础实在太差，下学期的数学怎么学习。

本学期刚开学，我没过多地关注景同学，但他的表现引起了我的特别关注。首先，他上课时乱动的身体安稳了许多，听算本上十道题竟然全做完了，只错了两道，课上举手回答问题的积极性很高。记得第一次回答问题答非所问，我给予了正确引导并及时表扬了他，以后就出现了第二次、第三次回答问题，一次比一次表现好。教师能敏锐地捕捉到学生身上的变化，并及时关注，适时引导，可以说是一种职业素养，这种敏锐性可以帮助学生改正缺点，发扬优点。品德与生活课上要求学生说说自己长大以后的变化，当我问起谁的变化最大时，学生们异口同声：景同学。还夸他认字多了，做题快了，积极回答问题了。当同学们夸他时，景同学的脸上浮现出灿烂的笑容。这在以往是很难见到的，回想起来，他一脸苦相，咧着嘴，表情茫茫然的样子还历历在目。我想：这孩子"活"起来了，要不是这几天忙着听课，我早就应该与班主任交流一下，并将他的良好表现通知家长，争取各方面的配合，抓住有利时机，将景同学引上热爱学习的道路，帮助他不断树立信心，找到自我。

说到景同学，我的脑海中还出现另一副面孔：张同学。这个小女孩同样是上课不认真听讲，主要原因是她有一个不好的习惯，喜欢用头发挠鼻孔，而且是只要坐在那儿，就开始这一动作，说过她不知多少次，至今不改，这是很棘手的问题，像玩游戏一样，她已经上"瘾"了。对于她，课上只要见她举手，我就请她起来回答问题，可她总是声音极小，显然很不自信。今天下课后，我将她叫过来，问了她几道口算题，开始她回答不出，我就引导她：想想算式，如果用小棒摆摆是什么样子？这一下，她慢慢体会到了正确的口算方法，我又借机好好地鼓励了她一番，事后，她带着一脸满足回到了座位。

由以上两名学生的表现，我深深地感觉到，每名同学都希望老师能关注自己、鼓励自己、帮助自己，老师、同学对待他们的态度，是他们是否拥有自信的关键，保护学生自尊心，帮助学生建立自信心，是我们教师义不容辞的责任。

初来乍到

雨淅淅沥沥地下着，怀着忐忑、激动的心情，我步入了梁邹小学的大门，成为梁邹小学的一名教师。

学校安排我教一年级两个班的数学，每班30多个学生，我很高兴，因为终于可以享受小班化教学了，学生由原来的70多人到30多人，我想我一定会觉得闲得慌。

一上课，才感觉到我绝对不会闲着，30多个学生中，能坐得住，有点上课意识的最多三分之一，其他人上课随便说话，随便下座位，不知道上课应该干什么，这简直是给了我一个下马威！这样的课堂还会没话说？于是，我和高金宝老师商量着怎么培养学生的良好习惯，从上课起立师生问好开始，到怎样举手发言，到怎样听课，等等，事无巨细。但学生的注意力始终还是不能坚持一节课，怎样使学生坐上一节课，这又是一个难题，真应了那句话：万事开头难！让人高兴的是高金宝老师做事非常扎实，要求也比较到位。现在只有极个别的几个学生，像刘同学、李同学、张同学、唐同学、殷同学等，有点让人头痛。没办法，学生的基础就是这样，我们也应该把重点放在培养学习习惯上。

培养习惯是我们课堂永恒的主题，学生只有拥有了良好的学习习惯，才会拥有美好的未来。

成长，就是自我革命

学校要发展，起决定作用的是教师的发展，因此培养骨干教师，发挥骨干教师的模范带头作用，以此带动教师整体发展显得尤为重要。

一只丑陋的毛毛虫的蝶变，是一个漫长而痛苦的过程，是一个质变的过程。骨干教师的成长，都要经历这样的过程，其中的艰辛是难以言表的。李老师从教研组评选到校级评选，再从县级、市级突围，直至参加省级优质课评选，一路走来，真是脱了几层皮，掉了十几斤肉。一天一课的试讲，是对她身心的极大考验。周围的老师们也都感受到了当时的紧张氛围，她是在一天天、一夜夜地苦战！我亲历过一个晚上，就是抽课题后，请外校语文名师来帮李老师备课的那晚。初步思路定下来时已经深夜十二点，我和张老师送两位老师回家，李老师留在办公室继续备课，准备第二天的试讲。第二天我问她昨晚什么时候走的，她说凌晨两点。还有一次，我出来散步，碰上李老师又到学校加班准备省级基本功比赛，这已经是第二次了。李老师的成功，真不知道经历了多少个这样的夜晚。其他老师的成长同样艰辛，王老师孩子病了，白天上班没时间准备课，只有晚上熬夜备课，从市级课到省级课，是什么支持着她？张老师感冒了，喉咙疼得都说不出话了，还需一次次试讲，准备市教材培训会上的观摩课，等等。这是一个什么样的过程啊？

小蛇的每一次成长，必须经历刻骨铭心的蜕皮；蝉要变成知了，必须经历漫漫长夜的蜕变。我们教师的成长，就是一个由量变到质变、自我革命的过程。

只有付出，才会有收获。作为一个集体，在教师成长的过程中，支撑教师自我革命的是我们这个群体的自觉革命。有教师"冲锋陷阵"，就要有教师"运送枪支弹药"做好后勤服务工作，我们是不可分割的整体。教师的成长就是由"自我革命"到"群体革命"的自觉！

对比中的启示

全县小学六年级新课程教材培训会上，王老师和李老师分别执教观摩课。对比这两节课，我感触较深的有以下几点。

1. 从课堂组织形式看教师教学理念

"组合图形的面积"一课用分小组学习的形式。抛开所采用形式是否得当不说，单从教师的观念上来谈，李老师是一直跟着新课程教材走下来的，她在课上采用分组的方式，起码说明一点，她有培养学生合作学习的意识，有让学生参与学习过程的设计，当然具体操作中有些问题没有解决好，如，怎样保证分组学习的有效性，怎样让每位学生都能参与学习等。

"生活中的比"采用的平常的排坐。"生活中的比"一课，是六年级的内容，教师通过了解学生对生活中"比"的认识引入，创设了大量的现实情境，帮助学生理解"比与除法"的关系。在总结"比的概念"时，一名学生总结了一下，说得比较准确，教师就开始总结板书"比的概念"，没有留给学生足够的时间和空间进行交流和总结，而是急于抓住一个学生的发言使自己的预设方案顺利推进，教师是把总结概念当成了自己的事，包办了应该由学生在充分的讨论交流中得出或感悟到概念。新课程倡导让学生参与知识的形成过程，有大量的知识铺垫，教师应该相信学生，相信他们能够理解概念，总结出概念。

2. 从课堂生成看教师驾驭课堂能力

数学课堂旨在引起学生深层次地思考，在学习中能够发现问题并解决问题。在课堂上往往会出现意想不到的情况，这就是我们常说的课堂生成。生成是新课程倡导的一个重要理念，是师生、生生在互动中，从心与心的交流中，从思与思的碰撞中，从情与情的触摸中滋生出来。在"生活中的比"一课中，王老师调查课前学生收集资料的情况，也就是"生活中的比"，学生说到篮球比赛的比分时，教师没有急于评价而是板书出来，没有处理，等到学生认识了

"比"以后，再引导学生来看球赛的比分是不是"比"，学生很自然地感受到这两种"比"的不同意义。课堂上可能出现教师没有预想到的问题，而这又是学生认识上的误区，因此等学生对"比"有了一定的认识后，再由学生自己来比较，可见教师灵活处理课堂生成的能力。课堂是一个充满活力的生命整体，处处蕴含着矛盾，其中生成与预设之间的平衡与突破，是一个永恒的主题。生成对教学目标的达成有利又有弊，所以，我们努力追寻着综合的、最佳的动态平衡。

于精细中见高效

——赴无锡参观学习有感

2007年11月14日，在校长带领下，我们一行四人赴江苏省无锡市参观学习。现将所见、所闻、所感、所思梳理如下。

一、高效来自计划

细读洛社中心小学2007年第二学期的学校教学工作设想，洋洋洒洒13页纸，对中层的管理、教学的规范化、教师的分层考核、校本教研思路、教师队伍建设、教育科研等方面做了指导性、具体化的要求，单从这一点看，足以体现学校在教学工作上的深思熟虑。各处室在学校整体规划下，进一步细化自己的具体工作，目标明确，工作方向性强，必然出高效。

二、落实需要力度

1. 教学常规

先说备课。教导处有几位分科管理的负责人，如数学，当负责数学的教导处老师推门听课时，如发现上课与备课不符或课堂出现问题，特别是听年轻教师的课，课后马上召开数学年级组全体会议，先追究年级组长的责任，再追究上课老师的责任，对事不对人，一追到底。再说作业。我们去时正好赶上洛小查作业，我发现所有学生的作业整整齐齐、干干净净，随手翻开一本，一张卷角都没有，而且作业本都快用完了。为什么他们的作业这样整洁？通过了解得知，他们的作业检查制度严格，学生作业大都是教师面批，利用中午饭后时间或下午最后一节自习时间，在教师的强调以及监督下，学生作业写得很好。教师为什么要求这么到位？说到底，就是他们有严格的作业检查制度，以及一系列措施，当然这和教师的考核挂钩。窥一斑而知全貌，单从这两件事情上，就足以看出这所学校教育教学有多么的规范。

2. 校本教研

每周半天的区内大教研与年级组小教研交叉，区内大教研是学期初制订计划，内容以骨干教师执教观摩课、做讲座、问题研讨形式为主，小教研主要是年级组内开展研讨课、课题研讨等。每项活动，只要有计划，就严格执行，落实到位，他们不摆花架子，做的都是扎实的工作，没有一点糊弄的感觉。教研从上到下高度重视，形成了浓厚的教研氛围。教师会课成绩都是区一等奖以上，这与他们的教研保障体系有直接关系。

三、工作有条理

确定的事情，严禁随意改动，避免工作的随意性。不是边做边想，而是想好了再做，这样工作起来才会心中有数。例如，每位教师，一学期都要执教一节公开课。开学初，每位教师讲课时间就已定好，让教师心中有数，从而积极准备，在准备的过程中提高自己。

总之，一所学校，只要扎扎实实做学校应该做的事情，沉下心来搞教育，就会形成自己的办学特色，打造出自己的品牌。

解决问题要讲策略、方法

今天遇到一件意想不到的事情，使我迫不及待地进行自我反思。

上午第二节课听课时，吴芳对我讲了一名学生不想上学的事情。事情缘于该生上数学课时回答不上问题，而被任课教师罚站二十分钟。我一听，觉得这是根本不可能的事，在我的课堂上哪有过学生回答不上问题就罚站的事啊！况且，这名学生课堂上表现比较积极，应该是喜欢上数学课的呀？我仔细想了想，还真有一件事：昨天上课时，根据情境图提问题，有个学生没有认真听讲，把别人已经说过的问题又重复了一遍。为了让学生养成认真倾听的好习惯，我有个习惯做法：就是问学生，这个同学的回答与前面的回答重复了，怎么办？学生都知道，就让他站两分钟，然后自己坐下。为什么会出现学生不愿意上学的情况，我确实得好好反思一下，这种做法会不会因为学生、家长的误解，给自己及学校带来负面影响？

当时我就想联系一下家长，和他探讨一下这个问题，但反过来一想，现在急于找家长谈，弄不好会给家长造成误解，不如先了解学生的具体想法，做好学生的工作，从思想上让学生认识到自己的错误，给学生挽回面子，让时间来说明一切。

今天下午上课时，班主任说那名学生回老家了，他的妈妈生了小孩，他爸爸带他回老家要待一个月。我想：看来早晨那个孩子不想上学的原因很复杂，不单单是因为课堂上罚站的原因。

看问题，要透过现象看本质。这件事情提醒我，无论做什么事情，事先要考虑全面，想做什么，想达到最好效果，不能只靠一己之力，而应充分借助外力，事先做好思想动员工作，外围工作没问题了，一切可能的障碍才能扫除掉，才能有利于工作的开展，这就是做事的策略问题。有时候，总感觉有的人做什么事都有人帮助，我想他们就是懂得了做事的策略。

俗话说，窥一斑而知全豹。通过这件小事，使我更加深刻地认识到在做事上不能只考虑一点，而应全盘考虑，长远打算。这件小事也不由得使我感慨万千，以前做事情有时比较鲁莽，无人在意你，而现在不行，无论什么事，做不好不用别人说什么，自己就感觉不对，真是所处位置不同，看待问题的角度也不同啊！

开学了

暑假结束,开学了。来到二(3)班教室,我与班主任简单交流了几句,然后拍了几下手掌,大部分学生安静下来;我环视一周,又拍了几下,全体学生安静下来。

我问:"刚才老师拍了几下手掌大家才安静下来的?(9下)明天你们准备让老师拍2下还是10下?"有的学生说2下,有的学生说9下,有的说1下,有的说0下,对于说1下和0下的学生我特别表扬了一下。几个看似平常的问题中,隐含着我的教学策略,开学初的常规教育不用长篇大论,效果却出奇的好。

紧接着我又做了一个小调查,看有多少学生能准确地称呼我"傅老师"。我点了几个学生的名字,每次都问:"你怎么称呼我?"一个学生说:"老师好!"我说:"梁邹小学有很多老师呐。"韩同学说:"数学老师好!""数学老师也有好多。""傅老师好!""好!知道称呼我傅老师的请举手。"全班40多名学生,举手的只有14名。有学生说:"老师,我不知道你姓傅。"两个月假期结束后的一个小调查,学生竟然是这种表现,课后和教师们说起我的调查,他们感觉不可思议,找了找原因,一名语文教师说:"他们可能不知道称呼是什么意思。"是的,如果我的问题是"你叫我什么",可能情况就不会是这样了。

那些忘记做作业的理由

今天检查作业，竟有十几个人没做，追问其原因，都回答"忘记了"。

我想他们肯定又是因为光顾着玩，忘记做作业了，于是板着脸说："忘记了？这么重要的事情也会忘记？"学生们一脸无所适从，个别学生则不以为然。

看着他们，我突然无语。

我想起了我的学生时代，那时总觉得读书做作业是头等重要的大事，每天总会先做完作业再出去玩，即便是有新奇有趣的事情在周围吸引着，我都能按捺住蠢蠢欲动的心，先认真地完成作业。学生时代的我，是老师眼中的优秀学生，同学心中的好榜样，经常作为典范被表扬。

从教以后，每每巡视于学生之中，我都有种"恨其不争"的感慨，特别是遇到那些学习态度不够端正的学生，更是希望他们能在我的循循善诱之下洗心革面，奋发有为，让我露出欣慰的笑容，体验园丁的成就感。但事与愿违，总有那么几个学生，他们对待学习的态度真让我大伤脑筋。说真的，我很难真正理解他们，甚至觉得他们实在是太懒了，特别是对于做作业，这些人懒得预习，懒得抄写词语，懒得背诵课文，懒得查找资料……于是，面对检查，有几个学生会有一大堆的理由，这些理由倒是能体现出他们的创造性。面对着那些忘记完成作业的理由，为人师者的我感觉到了作业在学生心中的分量和所占的位置。面对作业，学生们有太多的不情愿，又有几个学生是真正牢牢记住而又乐意去认真完成作业的呢？

作为一名教师，布置作业的初衷，当然是为了学生对新知识能有所巩固，学习能力有所拓展。但对于自己精心设计的作业，有时学生并不认可，不是乐于为之呀。当面对那些学生忘记做作业的理由时，我们该想一想了，作为教师的我们，自己有没有责任呢？只要是作业，总少不了抄抄写写、想想做做，其间不免会让学生很快失去兴趣。有时又会遇到因学生自身或是学习条件上的困难，使学生难以完成，也就干脆不做了。在做作业这件事上，学生总是陷于被动，有些许无奈。面对学生各种各样的理由时，我们再也不能气急败坏、横眉冷对了，换一种心态去关注他们，换一种角度去理解他们，换一种标准来衡量我们的学生吧。其实，每一个学生的内心都应该有过好好学习的愿望吧？但很多时候，现实一点一点地打击了他们的学习积极性，良好的学习习惯也一点一点地"走样"了，这与我们的教育初衷相违背，当然这是我们所不愿意看到的。我们欣赏的是积极、健康的学习心态，而这要靠我们去引导，去教育，去尝试，去启迪。

面对个性迥异的学生，让我们心中多一些宽容，多一些鼓励，多一些民主吧，交给他们一些学习的自主权、选择权，作业的设计权、布置权……让作业富有趣味性，具有吸引力，体现自主性、开放性，让作业内容走进学生的内心世界，触发他们创作的欲望，展示他们的聪明才智，张扬他们的灵性和个性，让教师布置作业的时刻成为学生值得期待的瞬间，让每一次作业成就学生的快乐实践，让其体验到成功的快乐。我们会发现，每一个小小的改变，充盈着浓浓的人文关怀气息，学生回报给我们的，是一连串的惊喜。因此，教师有义务让学生感受到脑力劳动的快乐，让他们感受到学习、做作业也是富有乐趣的。

最终，那些忘记做作业的理由将被淡忘。

洒满心灵的数学阳光

说到数学，很多人会情不自禁地把它与枯燥乏味、公式定理、数字与符号联系起来。数学之美，美在含蓄，你必须走进去，才能仔细品味。

很多数学知识都具有一定的规律性，而这些规律赋予了数学神奇的色彩。例如：

$1 \times 1 = 1$

$11 \times 11 = 121$

$11 \times 111 = 123$

$111 \times 1111 = 123432$

$11111 \times 11111 = 123454321$

……

_____ $\times$ _____ $= 1234567654321$

当宝塔搭到第三、第四层时，学生的思维就开始灵动了，接下来不用计算，根据发现的规律，自然会很快找出答案。更难得的是他们发现这些算式的得数又构成了另一个数字金字塔。学生对自己的意外发现很兴奋，结合学生的兴奋点，我适时引导，让学生总结其中的规律之美……

这道题其实不难，只要发现了其中的规律，就能马上迎刃而解了。可是让学生自己去发现其中的规律，并通过他们自己发现的规律体会规律背后的数学之美，就能使他们兴趣盎然。学生们时而向往，时而惊讶，时而高喊，时而赞叹。对他们来说这神奇不仅仅是一种美，更为重要的是对数学学习的一份向往和热情。

学生喜欢数学、发现数学、研究数学的过程中，惊讶着数学的神奇，赞叹数学的美丽，感受数学的情感，向往数学的奥秘。我相信：

有心的地方，就会有发现；

有发现的地方，就会有欣赏；

有欣赏的地方，就会有爱；

有爱的地方，就会有创造；

有创造的地方，就会有快乐。

愿数学的阳光洒满学生的心灵。

走近名师

——赴烟台学习心得

　　2007年10月8日至10日，我有幸参加了"全国构建小学数学新体系"课题研讨会，北京教科院数学研究室主任吴正宪老师现场执教了观摩课"估算"，使我又一次感受了名师的风采。

　　吴正宪老师是全国名师，更是我非常喜欢的老师。每次听她的课都是一种享受。2001年看过她的录像课"分数的初步认识"，被她那真诚、亲和的评价语言，适时点拨的技巧，抓瞬间生成的能力，启发学生深度思考的意识、能力深深打动。2006年在滨州现场聆听"圆的认识"一课，尽管第一次见到吴老师，却一点没有陌生感，总感觉她是那样的亲切。现场互动时，吴老师对我的问题很感兴趣，使我有幸有了一次与她直接对话的机会。这次活动听她的"估算"一课，更是带着万分崇敬、渴望的心情，因为这之前我在远程培训中接触了吴老师与她的团队对估算的价值、策略与方法的详细、系统地介绍，体会到在这方面她们做了深入地研究与总结，提升了我对估算内容的认识高度，感受到估算内容的重要性，并在《小学教学》第九期读到了吴老师在南京执教这一课的实录与评析，这一切都使我对这节课充满着期待。

　　10月9日下午2点，终于等到了这一课的到来，干练、洒脱、自信的吴老师走上了讲台。"同学们好！"学生没有动静，又一声"同学们好！"，还是没什么动静，吴老师第三次向学生问好并且加上深深的一躬，终于听到了"老师好！"三个字。我想，怎么回事？学生这么不配合。课伊始，学生明显不在状态，吴老师问学生有没有陪妈妈购过物，遇到情境中的情况应该怎么办？有的学生竟然回答"不知道"。出示曹冲称象时，吴老师要求学生估算大象的重量，有的学生竟然说"不想写"，一次次的冷场，一般教师或者不理不睬，或者怒目以对，而吴老师始终是笑容可掬，敢于说出心里话："怎么回事呀？就是不想写。"继而转向听课的老师们说："老师们，怎么办？我都有点懵了。"一跺脚，一句不满的话，说得那么真切，完全是学生的同龄人的表现，让人不能不佩服教师处理与学生关系的能力，教师是学生的学习伙伴，师生之间的交流完全是朋友似的交流，不是表面的几句话，而是发自内心的真情流露，我想，这就是名师与一般教师的不同吧。

吴老师授课的另一大亮点就是她能及时抓住学生的思维亮点，用激励性的语言，挖掘、引导学生的深层思维。在"估算"教学中，学生将不同的估算过程写在黑板上，学生的方法确实体现了不同的思维习惯，各有道理。学生在介绍第五种方法，即利用四舍五入法进行估算时，吴老师抓住学生的一个"嗯"字，说"他这样一嗯，嗯得很有道理"，从而挖掘出了"四升五降"（尊重了学生的说法），也就是"四舍五入法"（取近似值的最佳方法）。

"估算"这节课，吴老师上过不止一次，在南京上时课很出彩，同样的内容在这儿，用了约一个小时，还没完成教学任务，课后她的报告中，对这方面没说什么，我想她肯定会进行反思的。李嘉峻老师在课后也说："什么样的课是好课？是值得我们思考的问题。"

其他四节课，各有千秋。比如，"有趣的集合"，天津的徐长青老师用他那充满激情又儿童话的语言，天真的表情，与学生融为一体，玩在一起。学生在一个个好玩的游戏中，体会到抽象的集合思想。"确定位置"，哈尔滨的孙世慧老师将简单的内容上出了深度，善于引导学生总结、发现数对中有趣的现象，如一行中每名学生的位置用数对表示的特点，一列中每名学生的位置用数对表示的特点，一斜行中每名学生的位置用数对表示的特点等。"小数的意义"，景德镇的余倩老师大胆地运用了学生不熟悉的"丈"这个长度单位，用"不够一丈时怎么办？"来创设问题情境，脱离学生生活，有时感觉很牵强，她这样设计也有她的道理，那就是用现在常用的长度单位，学生想不出来不够一个单位时，将多余的平均分成十份这种做法。确实像这种纯数学的东西，想让学生理解运用，从现实中找到合适的情境是很难的。值得一提的是烟台的麻明家老师执教的"圆的面积"一课，麻老师将应用转化思想，推导圆的面积的过程演绎得淋漓尽致。由曹冲称象中转化的应用，到数学学习中的转化，学生在一次次的动手操作中，一次次的尝试中，体会到将圆转化为三角形或长方形，只要平均分的份数尽可能地多，就越接近三角形或长方形，因此求圆的面积，用求三角形或长方形面积的方法就可以，方法进一步简化，顺理成章地得出了圆的面积的计算公式。

数学教学好与不好，不能单单看一节课的教学效果，重要的是看教师的教育思想是不是为了学生的全面、和谐、健康的发展。

一节公开课

今天，我执教了"0的认识"一课。我的教学目标定位在：认识0的意义，学习0的书写；培养学生仔细观察、表述完整的良好习惯；体会数学与生活的联系。

课后反思，这节课完成比较好的环节有以下几点。

一、通过四个不同情境，使学生充分体会到0表示一个也没有的意义

0和1、2、3、4一样，也是一个数，它表示一个也没有。这一点，学生理解起来并不容易，为了使学生充分理解0的这一意义，只靠一个主题情境图还远远不够，因此，我采用了小兔采蘑菇、小兔拔萝卜、桃子图、计数器的情境。

小兔采蘑菇、拔萝卜，都是小学生非常喜欢的情境，课件一出示，就吸引了学生的注意力。在富有童趣的4个情境中，使学生很好地理解了0表示一个也没有的意义。

二、激发学生兴趣，在游戏活动中感受数序，体会0的意义

在一棵大树上，结了很多苹果，苹果上还有数字宝宝，学生很喜欢这些苹果，这时我提出要求：谁能按照从小到大的顺序来摘苹果，苹果就归谁，一人只能摘一个，如果没有按照顺序摘，就不能得到苹果。要求一说，学生的精力马上集中起来，根本不用教师再去组织教学，这样来组织游戏活动，既能保证游戏的有序进行，又培养了学生良好的听课习惯。

三、教写0，培养学生认真书写的习惯

0的书写比较难，我在演示板书时，用自己的书写态度对学生进行潜移默化的影响，并讲了著名画家达·芬奇刻苦画鸡蛋的故事，教育学生做一件事

情，要想做好，就要付出努力。有付出就会有收获，在我的激发下，在练习写0时，班里有不少学生主动地写了好几十个0，熟能生巧，多数学生0的笔画书写流畅。

四、重视数学与生活的联系

当我问在生活中，你在哪儿还见过0时，学生说到了电话上的0，门牌号上的0，手机上的0，遥控器上的0，等等，学生的回答有些是我在设计时没有想到的，可见学生的生活经验是很丰富的，我们在课上，一定要重视数学知识在生活中的应用意识的培养，使学生体会到数学知识的应用价值。在整个教学活动中，在个别学生出现精力不集中时，没能采取有效的方法来调动他们的积极性，在培养学生听课习惯上，策略显得少了些，需要继续努力。

绘制"知识树"，助力学生正确思维

绘制"知识树"就是将一册数学的知识点按照"数与代数""图形与几何""统计与概率""综合与实践"四大领域整理成"树形"知识结构图，直观呈现知识的先后顺序，相互关系，是将知识高度抽象、概括的过程。

一年级上学期就引领学生来梳理全册的知识点，共同完成一棵"知识树"。如果让年轻教师来做这件事，他可能连想都不敢想，一开始，我也有顾虑，但是4年前，我就开始探索用"知识树"的形式，帮助学生梳理、串联全册知识点，积累了一些经验。虽然一年级学生的书写可能受限制，但我觉得这件事情还是很有必要的。因为数学的学科特点就是能够培养学生思维的条理性，一学期来，都学了些什么知识，脑海中需要有个网络图，而不是支离破碎的一些知识片。如果，每位教师都来做这件事，我相信学生获得的不仅仅是数学知识，还会收获到对其终身发展大有裨益的东西。

从这件事情中，我感觉到，做一名教师不难，但要做一位为学生终身发展着想，关注学生全面发展，用心教书的教师，就不是随随便便能做到的了。

有感于"课堂教学常规擂台赛"

今天，我在一（1）班、一（2）班开始实行"课堂教学常规擂台赛"制度，"课堂教学常规擂台赛"从专心听课、举手发言、积极发言、书写认真、完成作业、桌面整洁等方面提出具体要求和评价标准，让学生在参与中，对照标准，修正不足，从而养成良好的学习习惯。

第一节在一（2）班，一上课我就把打擂表粘在黑板上，给学生讲清了各项要求，在教学过程中每当学生在某一方面表现很好时，我就悄悄地在他（她）的名字后面画上一面小红旗，当学生看到我在画红旗时，有些表现不好的学生就很自觉地改正了。特别是在下课前大约7分钟时，我出示了9道连加、连减、加减混合算式，要求学生认真书写、注意写字姿势、做完后要轻声地读一遍，检查是不是做对了，在这个环节中，全班少有的安静，学生们都在认真、安静、专心地做题，当我们最后订正后，我发现全部做对的学生占绝大多数，这不能不说是"课堂教学常规擂台赛"制度的作用。

这件小事，充分表明学生对美好事物的向往是发自内心的，如果学生有了这种愿望，我们就应该利用有效的策略去激发他们的愿望，把培养学生良好的习惯放在教学首位，并始终不渝地贯穿于整个课堂教学过程之中。

快乐的"十几减七"

口算是《数学课程标准》中提出要重视的内容。《数学课程标准解读》中这样写道:"口算就是心算……具有很高的使用价值,日常生活中经常会用到心算……心算不仅具有实践意义,而且是数感发展过程中的一个重要部分……所以教材的开发和教学的设计都要给学生创造足够的机会进行心算,发展学生的心算能力。"

在日常教学中,我非常重视学生口算能力的培养,特别是一年级上学期,经常在新课前几分钟给学生听算10道题,作用有二:一是快速集中学生注意力,二是提高学生的口算能力,效果是显而易见的。

这一天,我照例听算"十几减七"的10道题,从11减7开始到20减7。集体订正后,我发现学生掌握的不是很好,于是说:"谁能不看本子,一口气说出刚才听算的十道题?"几位学生跃跃欲试,但结果都不理想,我说:"好,我给大家一点时间,看谁能在最短的时间内完成刚才老师的要求。"学生的积极性一下子被调动起来。这时,我发现有两名学生做起了拍手游戏,手拍得很有节奏,两人配合默契,很投入,很快乐。过去一看,原来他们在边拍手,边你一句,我一句地说算式呢,"多好的学习方法呀!"我在心里赞叹道。大约一分钟后,我请学生们停下来,没有急着检查他们的记忆情况,而是请拍手的两名学生到前面给同学们演示刚才的一幕,在他们两个的带动下,其他学生也忍不住两两拍起手来。课堂上一下子活跃起来,身体跟着有节奏的拍手动起来,每位学生全身心地投入到学习中去。看到这一幕,我的心醉了,那种高兴的心情,是无法用语言表达的。咦,坐在最后面的张翔宇同学没有同位,他在用手轻轻地敲打着桌子说算式,我赶紧过去,给他当了临时同位,感觉得出来,他那份投入,是非常愉悦和满足的。

虽然这节课没能按预设的方案进行,但我觉得学生们得到了应该得到的东西，那就是尊重与快乐。枯燥的数学算式，在他们眼里变成游戏素材，在自创的游戏中，口算能力得到提高，身心得到陶冶，数学学习使他们变得快乐与满足，这不正是我们所追求的课堂境界吗！

在体验阅读中生长知识

——"认识图形与方向"教学反思

　　"空间与图形"是数学实验教材编排内容中四大方面之一，是帮助学生建立空间观念，发展多维思维的教学内容。一年级上册教材中安排了认识上、下，左、右，前、后等表示方位的内容，下册中继续安排四个方向的教学内容。我认为在东、西、南、北四个方向中，最基本的应该是"东"，因为在学生已有的知识经验中，早晨太阳从东边升起可以说比较详熟。上课时，出示课题后，我让学生分别用东、西、南、北四个字来说一句完整的话，学生第一个说到的就是"早晨太阳从东边升起"，紧跟着是"晚上从西边落下"，很自然地应用东西相对，南北相对这样的关系，那么，突破东西与南北这两对相对关系之间的联系点，就是本课的一个难点。

　　上课时，正好是上午第一节，天气比较好，在引导学生熟悉教室内的四个方向后，我将学生带出教室，来到室外，让他们首先面向太阳升起的东方，然后体验其他三个方向，面向东方，背面是西，右面是南，左面是北，当时感觉学生理解得比较好，加之几个辨别方向的小游戏如"我说你指""听口令转动身体"等，一节课下来，从学生的判断上可以看出，本节课教学效果不错。

　　在体验中获取生成知识，特别是对以形象思维为主的小学生来说尤为重要。在这节课中我不断给学生创设活动场，使学生在手动、身动、口动、脑动中，感受学习的快乐。整节课，学生都比较投入，我想，这也正是我们数学课堂真正的归结点。

　　脱离开熟悉的环境，学生是不是还能够准确判断方向，是我思考的一个问题，也是必须面对的一个问题。课本的阅读资料中介绍了几个参照标准，像夜晚的北极星、大树的枝叶等，但让我感到意外的是，全班学生没有几个能够说出大自然中存在的这些有趣的现象，可见学生的课外阅读方面有欠缺，现在学校大力倡导读书，从校长到教师、学生，都已经行动起来，投入到享受书香的活动中，但是阅读没有功利性，它的最高境界应该是博览群书。从一年级开始，教师就应该引导学生广泛涉猎书籍，特别是自然类书籍里面有太多的秘密，正好可以满足儿童的好奇心与求知欲。若学生只读文学类书籍就显得狭隘了。学生所处的家庭氛围不容乐观，引导学生多读书的重任自然而然地应由我们教师承担起来，教师的作用就是不但引导学生读文学类书更要指导学生读科普类的书！

第二章

教学实录　实践真知

抓好"第一"，见证成长

——开学第一节数学课系列

◆ 开学第一课（1）◆

2013年3月4日，新学期开学第一天。

第一节下课铃声响过后，我就早早去了五（1）班教室。一进教室，迎面是牛同学和王同学笑吟吟地向我问好，我慢慢来到教室后面，董同学让我看她的"温故而知新"作业，设计的版面美观，问题是涂色掩盖了文字内容，喧宾夺主了。几个学生比较关心期末考试分数。感觉学生冷漠了些。

铃声响，这是开学第一课，我一向很重视这节课的效果，因此也是做了精心的准备。

一、谈话

好长时间不见了，是不是感觉和老师生疏了？怎么不热情呀，课前只有几个同学和我打招呼了！这样吧，老师现在记性不太好，担心忘记你们的名字，是我一个一个点名呢，还是我叫学号，你们自己报名字？好，我叫到你学号的时候，希望每个同学都能看着老师，落落大方地、声音洪亮地说出自己姓名，其他同学注意观察，看哪些同学表现得好（活跃一下气氛，培养学生表达方面的素养）。

学生报名后，杨某琪、王某、张某傲、董某主动发表了自己的看法，张某秀、董某、魏某泽、王某森、韩某昊、张某傲、高某宁、董某、李某雨、马某晓、郑某宇、张某帆、王某哲、郭某帅等表现比较好，其他学生如梁某溪、刘某瑞、李某航、张某、杨某琪等比较紧张，杨某、颜某乐、王某栋、苏某浩等不自然。

学生反思

一分钟时间，同学们反思一下第一环节自己的表现，想想哪些方面是好的，哪些方面还需要提高。

二、表扬按时完成"温故而知新"作业的学生

一个一个点名，杨某琪负责计数，共26名学生上交（其中不符合纸张要求，没有理解连线要求的大有人在）。

看目录，听老师说说本册中的一些概念，听后谈谈自己的想法。本册概念有：正数、负数、分数、单位1、分数单位、真分数、假分数、带分数、分数的基本性质、公因数、最大公因数、公倍数、最小公倍数、短除法、最简分数、数对、通分、公分母、复式条形统计图、复式折线统计图以及长方体的长、宽、高、表面积、体积、容积。

主动表达感想的学生有：张某傲、杨某琪、张某秀、韩某昊、宋某宸、王某哲、刘某瑞等。

三、回顾总结

想一想本节课做了什么，自己表现怎样？小组内交流，晚上写数学日记，题目就是：我的开学第一课（数学）。

四、作业

（1）数学日记。
（2）圈出本册中所有"概念"名词。
（3）分小组检查假期作业，做好统计。

教后反思

不敢说自己做得很好，不过是坚持了一些做法，比如"开学第一课""温故而知新""知识树"等。虽然没有机会长时间带一个班，但是每接手一个班，我都会这样来做，之所以一直坚持，是因为我的一个观念：单纯的知识，在学生离开校园，步入社会以后，很少有哪些知识会经常用到，然而，在漫长的学校学习生活中所逐渐形成的学习品质，却是学生终身受用的。为学

生的成长做好"引路人"，为学生的终身幸福奠基，成为学生学校生活阶段的"贵人"，也是我的教育理想。

◆◇ 开学第一课（2）◇◆

2014年9月2日。

暑假开学，学校安排我教三（11）班的数学。开学第一课很重要，新接班的第一节课很重要，教师要让学生喜欢你，喜欢你的课，必须做精心的准备。教学实录如下。

一、谈话

师：上课。

生：老师好（鞠躬）。

师：同学们好（鞠躬）。

师：我发现三（11）班同学习惯特别好，上课前就准备好了学习用品，摆放也很整齐。问一个问题：全班有多少名同学？女同学有多少名？男同学有多少名？

生：52，24，28。

师：刚才同学的回答都是在对口令，现在是三年级了，我们应该会说完整的话，试一试，完整的说一遍。

生：全班同学有52名，女生24名，男生28名。

师：你是怎么知道男同学有28名的？

生：52-24=28。

师：这位同学用计算的方法解决了问题，会利用学过的知识解决问题，是个会学习的同学。

（设计意图："亲其师，信其道"，让学生喜欢我，喜欢我的数学课，我需要创设学生感兴趣的交流话题，在交流对话中，进行习惯培养，如认真倾听、举手发言、说完整话、会思考、会交流等。）

二、认学生

师：下面请点到名字的同学起立。

老师相信你将来一定会统帅三军的，一个大元帅。

老师相信你是一个孝顺父母、尊敬老师、团结同学的好孩子。

老师以前有个学生叫张某瑶，所以老师记住了你的名字。

老师有个朋友的孩子叫王子曰，现在读大学，所以你的名字也记住了。

因为我的儿子姓赵，我们全班只有你一个姓赵，所以我记住了。

我们班的副班主任是王某平老师，你和她只有一字之差，所以我记住了。

师：现在谁能说说老师记住了几个同学的名字？

生：5个、6个、4个。

师：请被点到名字的同学都起立，看看是几个？

生：6个。

师：李某洋昨天老师到过班里，李某洋告诉我了他的名字。

刘某硕上课前，拿着自己写得非常认真的自我介绍让我看。

现在老师一共记住了几个同学的名字？

生：8个。

师：谁能提出问题呀？

生：还没记住名字的有多少个？

师：真棒，是个会思考的同学。怎么算？

生：52-8=44个。

师：谁知道刚才老师是用什么方法记名字的？

生：李某洋告诉你的。

生：刘某硕让你看他的自我介绍了。

生：高某轩回答问题积极，说得好。

师：老师还有那么多同学的名字没记住，怎么办？能帮我想个办法吗？

生：你看名单。

生：不行，只看名单不知道长什么样。

生：收起校牌来看。

生：不行，要是有同学没有校牌了，怎么办？

生：点名字，叫到谁谁就起立。

生：不行，如果有同学恶作剧，冒充同学呢！

师：同学们说了这么多方法，老师谢谢大家，有一点我觉得同学们做得很棒，就是能认真倾听别人发言，还能提出自己的不同想法，以后我们课上会经常这样交流和对话。

（设计意图：点名起立，教师叫出学生名字，然后用鼓励性语言评价，拉近了师生关系，并且说明记名字的不同方法，给学生进行策略多样化影响渗透，中间还有问题意识的培养，使学生提高运用数学解决实际问题的能力等，这些思想的实现，都贯穿在认记学生姓名中，是学生身边的、熟悉的情境，学生乐于参与，积极参与，感受数学课的有趣。）

三、认教师

师：下面老师来做自我介绍吧。

播放幻灯片，一组个人图片。

傅学燕

生：博学燕。

师：博。比较这两个字，有什么不同？

生：偏旁不一样。

师：对呀，那个读bo呢。老师姓fu，老家是博兴县。真好，数学课上我们还认了两个字。下面，就跟老师一起欣赏漂亮的图片吧。

（设计意图：前面的交流虽然学生大都能积极参与，但是根据学生的年龄及心理特点，这个时间，学生开始疲劳，注意力出现分散，用图片进行自我介绍，可以使学生轻松一下，变换方式，用"变化"调节学生精神，同时引起对教师的兴趣。）

四、温故而知新

学生独立看书，二年级下册目录和三年级上册目录，找一找它们的联系。

板书目录，根据学生回答连接二年级下册和三年级上册的第一和第五单元。

布置作业。"温故而知新"，用一张A4纸，左边写二年级下册的单元，右边写三年级上册的单元，像老师这样用红笔把有联系的单元连线。

（设计意图："温故而知新"是具有强大生命力的教育名言，每个学期开始，我都要利用课本前的目录，领着学生进行前后两册课本教学内容的对比，从中寻找知识间的联系，初步进行温故而知新，为后续的学习做准备，直观感受知识的发展、学习的发展、个人生命的发展。）

◆◆ 开学第一课（3）◆◆

新学期开始了！周一（2015年3月9日）第二节课是三（11）的数学课。开学第一课我设计了四个环节。

一、优秀是一种习惯

谈话：新的一年开始了，同学们又长大了。长大了的一个标志就是自制力强了，也就是自己管理自己的能力强了。老师看到不少同学上课坐得端正，听得认真，这是一种好习惯，是优秀的表现。"优秀是一种习惯"，这是亚里士多德的一句话，请大家齐读三遍。老师希望大家不但身体长高了，自制力加强了，同时也会越来越优秀。

（**设计意图**：用谈话的方式进行常规教育，引导学生思考：自己又长了一岁，随之变化的应该是心智的成长。在谈话中，引领学生体会成长的意义。）

二、奖励完成目标的学生

期末考试是一学期学习情况的检测，我要求每位学生想想自己的目标，然后记在心里，课前已下发了测试成绩卷，现在给学生一点时间，想一想自己的目标达成了没有，然后达成目标的学生起立。起立的学生有：张某豪、高某成、王某东、孙某帅、王某平、成某晗、张某迪、时某函等（还有几个忘记是谁了，学生们都很诚实），有几个学生学习挺努力，进步比较大，但他们没有起立，有张某孝、刘某硕、季某轩、刘某嘉，以上这些学生接受大家的祝贺，学生们鼓掌。每人发给两个大演草本作为奖励。发完本子后，我问了一个问题："刚才哪位同学注意观察了，同学们上来领奖品时，有什么问题？"高某轩说："他们每人领到了两个本子。"王某平说："他们没有自觉排队。"王某宣说："他们没有说谢谢老师。"听了三位学生的发言，我说："高某轩说得很好，他们每人领到了两个本子，这是大家看到的现象；王某平说得也很好，他们没有自觉排队，这也是大家看到的现象；老师更欣赏王某宣的说法，他们没有说谢谢老师，这个说法不但看到了现象，还有现象后面隐藏的意思，这也是应该引起同学们注意的一点，随时随地注意文明礼貌，体现一名学生的优秀素养。"（这时，韩某资还高举着手，我就给他机会，看他要说什么，

— 39 —

他说成某晗同学才考了92分，就上去领本子了，成某晗马上反驳说自己的目标是90分以上，已经完成了目标。这是一个突发事件，我马上感谢韩某资同学，告诉学生韩某资的发现对大家是个提醒，制定目标时不能好高骛远，要根据自己的情况，制定的目标自己通过努力能够完成是最好的，目标太高或太低都不合适。）

（设计意图：奖励完成目标的学生，引领学生能够有目标的学习、做事，提高效率。在这个活动的背后，更深刻的意义在引领学生的成长，包括：注意力；由此及彼，由表及里；根据事物现象思考它的本质；基本人格素养养成等。）

三、引进"纠错本"

发给学生的本子，就是本学期主要使用的"纠错本"，要求学生用两色笔将上学期期末测试卷的错误整理在纠错本上。自己能独立改正的错误，在试卷的题号上画笑脸，先完成，不会的，最后集中请教同学。先完成的学生，要积极、热心地帮助其他学生，但不能影响他们。

（设计意图："纠错本"是本学期开始的一项措施，通过纠错本的使用，提高学习效率，培养反思意识。）

四、温故而知新

"温故而知新"是每个学期初，我都要求学生做的一项作业。学生交的作业中，只有如下学生符合要求，他们是：钟某桥、刘某涵、刘某嘉、姜某馨、曲某宇、韩某资、张某雨、陈某瑞、董某硕、刘某仪、李某和、王某玉、郭某硕、成某晗、张某迪、韩某晔，我在读学生的名字时，学生们听得特别认真，看得出来他们很在意教师的表扬。用课件出示"温故而知新"，要求学生在"三年级下册目录页"上整理完成。

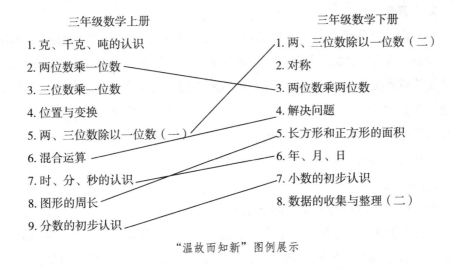

三年级数学上册	三年级数学下册

三年级数学上册
1. 克、千克、吨的认识
2. 两位数乘一位数
3. 三位数乘一位数
4. 位置与变换
5. 两、三位数除以一位数（一）
6. 混合运算
7. 时、分、秒的认识
8. 图形的周长
9. 分数的初步认识

三年级数学下册
1. 两、三位数除以一位数（二）
2. 对称
3. 两位数乘两位数
4. 解决问题
5. 长方形和正方形的面积
6. 年、月、日
7. 小数的初步认识
8. 数据的收集与整理（二）

"温故而知新"图例展示

❖ 开学第一课（4）❖

2015年9月2日上午第二节是我的开学第一节数学课。

一、课堂描述

1. 上课，起立，师生问好

师：老师要表扬刘某泽同学（这是个以前在听课习惯方面有欠缺的学生），因为我观察到大家起立问好时他站得端正，而且两眼放光，还笑眯眯的。

师：听语文张老师、班主任徐老师说，我们四（11）班同学开学以来纪律、卫生各方面都表现得很好，（看到王某宣认真的样子，就问他）王某宣，你说说这是为什么？

（王某宣起立好长时间说不出话，大家都在耐心等待，我鼓励他想一想，没有对错，想到什么就说什么。）

王某宣：刚才您表扬了刘某泽。

师：这就是榜样的力量啊。刘某泽坐得端正，眼神专注是我们的榜样，王某宣课前准备做得好是同学们的榜样。其实每个人都有能力成为别人的榜样，大家同意吗？（从学生们的眼中，我看到了自信，看到了满足，这就是表扬的力量。）

2. 小调查

师：因为这是傅老师本学期的第一节课，所以先来做一个小调查（眼睛环顾全班，等待学生的眼神都聚到教师这里），很简单，就是准备小纸条，画一个笑脸或者哭脸，表达你看到傅老师后的心情，完成后小组长收齐交上来。（第一个交的是13组，表扬他们，不到一分钟全部13个组交齐，课后统计结果是52张笑脸，让我忍不住笑出声的是，一个学生画了一个笑脸然后乘10，一个学生在笑脸上角配上文字"哈哈"，有创意！）

3. 小游戏

师：刚才，我已经向全班同学报到了，我是四（11）班数学老师，傅老师。下面我们来玩个小游戏（全班学生都很高兴，尤其是王某飞），游戏的题目就是"我报到"，游戏规则：一是立定站好，声音洪亮，面向全体同学，说话时眼神环顾同学，说话的模板是"我是4（11）班×××，我向大家报到"，顺序是1→13组，先请赵某扬同学给大家做个示范。

（设计意图：这个游戏的目的是用学生喜欢的游戏形式，面向全班学生，训练、规范课堂常规。在游戏过程中，做得好的和不到位的都让他们重新来一次，一是示范引领，二是及时纠正，整个过程轻松、愉悦，常规训练高效，最后一个是王某飞，说完话还来了一个队礼，全班学生都笑了。）

4. 反思

师：刚才做游戏，同学们表现很好，在课堂交流中关于"发言、倾听"的要求都做得很到位。老师有个问题，刚才游戏时谁开动脑筋思考了，下面就给你机会，来说说你想到了什么？谁先说？

马上，成某晗就举手了：刚才我就在想，这个游戏让每个同学得到了锻炼，能大方的讲话。

师：我们的班长就是爱思考，不愧是班长，她心里装的是大家伙儿。

刘某鹏：我想听别人讲话时要点头，懂得尊重别人。

师：眼睛看着对方，用语言或者是点头、摇头的动作给予回应，是对别人的尊重。

刘某嘉：游戏训练了我们怎么说话。

师：语言表达能力的训练。

张某（他也举手了，刚才他还怯生生的，低着头，声音急促地向大家报到）：站起来说话，声音要洪亮。

5. 本学期学具准备

计数器、量角器、三角板、红笔、铅笔、小照片（每课检测不出错的学生上"学霸榜"，免当天数学作业）。

二、教学思考

良好的开端是成功的一半。我重视开学第一课，因为第一课对学生、教师来说都很重要。

1. 教师方面

第一，熟悉学生，与学生建立和谐、融洽的师生关系，第一课尤为重要。第一节课教师的组织方式、谈话内容，都充分体现着教师对学生的态度，对每一位学生的关注，这些学生都能感觉得到，容易产生向师性。第二，课堂常规规范训练，在第一课就要开始，贯穿学期始终。认真听讲、积极思考、动手实践、自主探索、合作交流等，都是学习数学的重要方式，如何在课堂教学中落到实处？简单的说教是行不通的，需要教师心中有，口中有，做中有，给学生实实在在的体验和感受。

2. 学生方面

第一，新学期开始了，经过两个月的休整，学生身体、心理变化都比较大，对新学期充满期待和向往，第一课做什么，直接影响着他们的数学学习品质（兴趣、态度、意志力、学习方法）的形成。第二，数学课堂"自己学习、小组讨论、全班交流"三级学习组织形式的保障是学生是否能够认真听讲、积极思考，是否有良好的交流习惯和能力，是否有数学操作、探究活动经验，这些都需要在实践中不断培养。

做个有心人，在至关重要的节点上用足功夫，为了学生的发展，为了教师的理想。

附：

学生笔下的开学"第一课"

从今天开始，我又长大了一岁，我要有学习的态度了，不能像那些一、二年级的小朋友那样任性了，也不能光玩了，更要努力设定目标，挑战自我，提高学习成绩。

今天上午第二节课我们上了一节数学课。

老师提了一个问题，那个问题是：一共有42个元宵，盛在3个碗里，数量正好是三个连续自然数，它们各是几？我用的是除法：42除以3等于14个，然后我想15比14大，13比14小，那么这三个连续自然数就是13、14、15，后来我又演算了一遍15+14+13=42个。

通过这节课，我懂得了生活中处处都有数学。

——郭某迪

在2月21日，开学的第一天，上数学的第一课，我们学到了很多知识。

数学的第一课开始了，我们和数学老师先温故知新，就是把我们要学的知识分类，然后看一看哪些题目是我们以前学过的。我们分了一下类，然后又做下一步，结果我们发现了一个问题，就是只有第一单元是没有学过的知识，老师说："看来你们是认真观察了，就是这第一单元是新增的。"我想我和同学们这节课的效率很高。

接着数学老师给我们出了一道关于元宵节的问题：老师家有三口人，一包元宵有42个，有3个碗，问题是这3个碗里的元宵个数是三个连续自然数。很多同学都是42除以3等于14，知道这个中间数，那么前面一个就是15，后面一个就是13，这三个连续自然数就是13、14、15，老师让我们验证一下，结果果然是这三个数。

开学的第一节数学课很有趣。

——林某甜

开学第一天的第二节课就是数学课。上课了，教室里很安静，老师夸奖我们长大了。不仅老师说我们长大了，就连我们自己也觉得长大了。

因为这是数学课，我们都像往常一样做"温故而知新"。这时老师给我们提了一个问题："一个假期过去了，你们在家都过了什么中国传统节日？"我们一起回答："春节和元宵节。"老师接着说："元宵节大家都要吃元宵，那么我就在盛元宵中有了一个问题：我们家一共有3个人，要盛3碗元宵。我煮了一包元宵（共有42个），我们3个碗里的元宵是三个连续的自然数，你们猜得出来我们每人碗里盛的元宵各是多少吗？"我们开始算起来。不一会儿我就算出了答案。我是这样算的：42÷3=14，比14多一个是15，比14少一个是13。

我算的答案就是：13，14，15。我做完了就静静地等着，心想："这样的题恐怕大家都能算出来吧。"这时，老师让算出来的举手，结果共有21个同学算出答案。

通过这一节数学课，我发现数学是处处都有的。因此，我更加喜欢数学了。

——刘某

3的倍数的特征

（市研讨会观摩课）

【教学内容】

山东版义务教育课标实验教科书五年级上册第六单元因数和倍数的第二课时。

【教学目标】

1. 利用百数表，能找准、找全3的倍数。

2. 探索3的倍数的特征的过程中，渗透观察、类比、猜测、推理和归纳等探索规律的基本方法。

3. 在探索活动中，积累数学活动经验，感受数学思考过程的条理性，发展初步的归纳、推理能力，激发探索数的奥秘的兴趣，进而感受数学的魅力。

【教学重难点】

教学重点：探索3的倍数的特征的过程。

教学难点：归纳3的倍数的特征。

【教学过程】

（一）游戏导课

1. 谈话

同学们，我们的生活中到处都有数，（板书：数）数里面蕴藏着很多的奥秘，这节课我们继续探寻数的奥秘。

2. 组数游戏

学生响亮地读出0—9这10个数字。

这10个数字可不简单，由它们排列组合会形成无数个数，下面谁愿意来用它们组数。

（1）每人组一个2的倍数、5的倍数，其他学生判断对错，并说明理由。（复习2、5的倍数的特征，明确根据2、5的倍数的特征判断很方便，为引入3的倍数特征的研究做铺垫。）

（2）每人组一个3的倍数，判断并说理由。（根据学生已有知识经验，可能会说根据个位上的数判断或用乘除法计算等，教师要恰当引导，引起学生的认知冲突，进而产生3的倍数有无特征，有什么特征的猜测，产生探究的欲望。）

（二）探究发现3的倍数的特征

（1）3的倍数是不是也有特征？特征会是什么呢？（板书课题）

（2）应用百数表探索发现。

3的倍数有无数个，只看几个数没有代表性，我们要找一些来做研究。怎么找呢？可以用乘除法计算，也可以用我们的好帮手"百数表"（研究方法渗透）。

出示百数表，把3的倍数圈出来，要求找准、找全，看谁最快完成。

找得最快的学生汇报，课件出示"百数表"内3的倍数。（3的倍数成斜行排列的感觉非常明显。）

（三）小组讨论

3的倍数在百数表里成斜行排列的特点很明显，3的倍数的特征是不是就藏在每一斜行的数里呢？每小组观察一组数，找找这组数的特征。（这组数是除整十数外每一斜行的数，因为学生观察表内的数时，很容易受以往找规律填数的经验影响，只停留在表面的一些排列规律上，很难想到观察每个数的特点，从而发现其中所有数的共同点，让每个小组只观察一组数，将观察研究任务分解，然后将所得汇总，是分工合作完成研究任务的可行方案。）

小组汇报，学生评价，最后教师做指导评价：通过观察，同学们有不少发现，只是有的只停留在表面现象上，有的观察思考深入些，我们来看哪个发现更有价值。（板书：个位和十位上的数的和是3、6、9、12、15、18）问：这些和与3又有什么关系？（修改板书为：是3的倍数）让学生说说3的倍数的特征。（百数表内3的倍数各种情况都有，排列也很有规律，在充分尊重学生的观察与思考的基础上，总结出3的倍数的特征，原本枯燥无味的数，在学生的探索过程中，展现出独特的魅力。）

（四）验证结论

刚才的结论只是100以内3的倍数的特征，能说是3的所有倍数的特征吗？让学生随便说一个大一点的数，正例、反例各举一个，将结论推广到3的所有倍数。（完善板书：各个数位上的数的和是3的倍数，这个数就一定是3的倍数。）（运用推理，得出3的倍数的特征。）

小结：经过猜想—探索，我们发现了3的倍数的特征就是一个数各个数位上数的和是3的倍数。

（五）深入探究

爱因斯坦说："提出一个问题往往比解决一个问题更重要。"2、5的倍数只看个位上的数就能判断，由此你想到了什么？

3的倍数为什么要看各个数位上数的和呢？

课件演示算理。（引导学生质疑，不但知道是什么，还要知道为什么）

（六）练习应用

我们知道2、3、5的倍数都有特征，你还想研究哪个数的倍数的特征？（如学生提出研究想法，教师要做鼓励性评价，激发学生进一步探究的愿望。）

（七）总结下课

这节课有什么收获？全体学生起立做游戏：请代号是2的倍数的同学坐，请代号是5的倍数的同学坐，请代号是3的倍数的同学坐，请剩下的同学到前面站成一行，这些也是很有特征的一些数，它们的特征又是什么呢？同学们自己去找答案吧！下课。（一个游戏既进行了综合练习，又关注到知识延伸，使学生充分感受数学的独特魅力，喜欢数学。）

总体思路：3的倍数的特征是"因数与倍数"单元的内容，本单元属于数论内容，看上去枯燥无味，实质上蕴藏着很多数的奥秘，这也是数学本质的美。数的概念内容往往是学生不喜欢的，因此本课设计以游戏开始，在游戏中自然而然地产生问题，激发学生主动探究的愿望，每个环节都由问题引出，环环相扣，不断地给学生造成认知冲突，引发学生的思考，在静下心来观察、思考、交流中，体味数学的魅力。

💬 **教后反思**

反思这节课，我认为比较突出的有以下两点。

1. 循着数学的本质，体味数学的魅力

基于对数论的理解，以探究数的奥秘为切入点，激发学生的探究兴趣。确切地说，数论就是一门研究整数性质的学科。1801年高斯发表了《算术研究》，这部书开始了现代数论的新纪元。两千多年来，数论学有一个重要的任务，就是寻找一个可以表示所有素数的普遍公式，为此，数学家们花费了巨大的心血。利用素数的一些基本性质，可以进一步探索许多有趣和复杂的数学规律，正是这些特性的魅力，吸引了古往今来许多的数学家不断地研究和探索。基于此，本课以"数"来开课。在组数游戏中复习感受2、5这两个质数的倍数的特征，进而激发学生探究3的倍数的特征的愿望。

2. 由问题到问题，感受探究的乐趣

由2、5倍数的特征猜想3的倍数也有特征，3的倍数有什么特征？为何有这样的特征？其他数的倍数有没有特征？100以内不是2、3、5倍数的数又有什么特征？在一个个的问题引领下，学生始终处在探究、思考中，随着问题一个个被揭开，学生会感受到看似枯燥无味的数原来很有意思。这就是数学的美。

总之，探究首先要有兴趣，因为探究活动不是热热闹闹的肢体活动，它是脑力劳动，是透过现象发现本质的过程，可以说是个艰苦的过程，没有兴趣，思维就不会打开，僵化的头脑是不会出现灵光的。然后需要科学合理的方法，因为无目标、无次序的探究就像无头的苍蝇，探究也会变得无意义。由问题产生问题，是探究的最终目标。

除法的初步认识教学设计与反思

（骨干教师示范课课例）

【教学目标】

1. 结合情境，让学生在解决问题的过程中，理解平均分，初步认识除法。
2. 在观察中初步学会思考问题。
3. 运用所学知识解决简单的实际问题，体验数学就在身边，初步培养学生的应用意识。

【教学重难点】

理解平均分。

【教具准备】

实物站台、小棒等学具。

【教学过程】

（一）创设情境，提出问题

同学们，你们喜欢听故事吗？今天老师带来了一个森林里的故事。（教师讲故事）

出示情境图。仔细观察图上有哪些小动物？它们喜欢吃什么？你能提出什么问题？（学生自由提出，教师根据学生提出的问题有选择地进行板书）

（二）自主探索，提出问题

熊猫怎样分竹笋吃？

1. 用学具摆一摆，然后让学生展示。

教师小结：像分竹笋那样，每份分得同样多，叫作平均分。

让学生结合生活讲平均分。

2. 每只小猴平均分到几个桃子？（理解平均分）

小组合作，探究方法（一个一个地分，两个两个地分。）

再摆一摆（同样多）。

3. 每只小兔分4个萝卜，可以分给几只小兔？

同桌讨论：你打算怎样分？展示交流。学生再动手摆一摆。

4. 每只松鼠分5个松果，可以分给几只松鼠？学生独立完成。

5. 对于这节课提出的问题不能解决的，放在问题口袋里。

（三）巩固联系，拓展应用

1. 12个小朋友排队做操，可以怎样排？

2. 自主练习：①哪是平均分？②把石榴平均放在2个盘子里，每个盘子里放几个？

3. 引导学生找一找，教室里有哪些物品可以平均分。

（四）课堂小结

1. 通过这节课的学习，你有哪些收获？

2. 教师强调平均分。

【板书设计】

除法的初步认识

每份分得同样多，叫作平均分

教后反思

除法的初步认识第一课时青岛版教材编排的内容只有分一分，让学生通过动手分学具，充分感知、理解平均分的含义，为下面学习除法做准备。

1. 较好的方面

（1）根据学生年龄特点，给学生提供动手操作、直观感知的时间和空间

帮小动物分食物，学生的积极性被一下子调动起来，但我没有让学生自己分，而是先找一名学生到前面演示，一起讨论得出分的同样多的方法，避免学生无目的的乱分，浪费时间。课上也有学生提出分的有多有少的结果，并且讲出自己的理由，我充分肯定他的想法，但也让学生明确分东西时，作为操作者，必须遵循公平、公正的原则，人情的因素是不能考虑的，向学生渗透讲原

则的思想。

（2）充分利用情境图中的信息，挖掘教学资源

情境图提供了四种动物及相应的四种食物，如何分？首先调动了学生的生活经验，什么动物喜欢什么食物，在分一分时，可以一个一个分，也可以几个几个分，特别是图中有两只松鼠，而松果有15个，怎么分才能平均分，学生的思维一下子被打开，在思考的过程中，使学生加深了对"平均分"的认识。

2. 不足之处

（1）课堂容量不够大

一节课，除了信息窗中的内容，课堂练习没有来得及处理，使课堂容量小了。这也是我上课时经常出现的问题，因为在教学中我关注的不是学生会解决几个问题就行了，而是在教学过程中学生有没有获得相应的数学方法，有没有数学思想方面的渗透，所以往往出现一些教学预设以外的生成资源。课堂生成资源是非常有价值的课程资源，它来源于课堂，是学生思想的真实写照。我们说：教学不是教教材，教师把自己的教学预案一步步按部就班地走完就行，而应尊重学生的表现，及时调整教学预案，使学生获得能力的提高及数学的思维方法。

（2）细节问题处理不到位

整节课因准备仓促，没有精心备课，因此在情境图中信息处理时不是很流畅，安排欠合理，总体感觉比较粗。

两位数除以一位数的笔算教学实录及评析

（市计算教学观摩课）

【教学目标】

1. 结合解决问题，学习两位数除以一位数的笔算，密切数学与生活的联系。

2. 通过摆一摆，分一分，说一说的活动，理解两位数除以一位数的算理，丰富学生的动手操作经验，发展学生的思维能力。

3. 在理解两位数除以一位数算理的基础上学习笔算方法，沟通算理与算法的关系。

【教学重难点】

教学重点：理解两位数除以一位数的算理，掌握笔算方法。

教学难点：沟通算理和算法的关系。

【教学过程】

（一）复习旧知，引入新知

师：老师知道同学们很喜欢糖豆，下面我们就来解决有关糖豆的几个问题。

有8颗糖豆，平均分给2名同学，每人分得多少颗？

生（异口同声）：8÷2=4。

师：有80颗糖豆，平均分给4名同学，每人分得多少颗？

生（异口同声）：80÷4=20。

师：有42颗糖豆，平均分给2名同学，每人分得多少颗？

生：42÷2=21。

（板书：42÷2=21）

师：42÷2还能不能用乘法口诀进行口算？

生：不能。

师：这节课我们继续学习两位数除以一位数的计算。（板书课题：两位数除以一位数）

（评析：新课导入是利用学生感兴趣的事物创设问题情境，复习口算，引入新课。前两道题，学生很熟练地口算出得数，第三题只有少数学生能说出得数，教师板书算式，让学生观察42÷2还能不能用乘法口诀直接口算得数，引导学生发现与前面所学内容的不同，引入新课，让学生感受到新知与旧知的联系与区别，体现计算教学前后知识的密切联系。）

（二）明算理，学算法

1. 估算42÷2

师：先估算一下42÷2大约得几十？估计的结果比准确数大还是小？为什么？

生：42÷2大约得20，比准确数小。

生：因为把42看成了40，所以得数小了。

2. 摆、分小棒，理解算理

师：计算42÷2时，我们可以先请学具来帮忙，摆一摆，分一分小棒，看结果是多少。

学生动手操作分小棒。

师：同学们都分完了，老师这儿也有42根小棒，我们一起看看是怎么分的。

（课件演示分小棒的过程）

师：先把（　　）平均分成2份，每份是（　　），再把（　　）平均分成2份，每份是（　　）。

生：先把（四个10）平均分成2份，每份是（两个10），再把（两个1）平均分成2份，每份是（一个1）。

师：你能用算式表示刚才分小棒的过程吗？

生：40÷2=20，2÷2=1，20+1=21。

师板书以上算式。

师：同学们会估算42÷2，会用分小棒的方法得出结果是21，还能用算式表示出两次分小棒的过程。分小棒的过程还能用竖式表示呢？想不想尝试一下？

学生尝试写42÷2的竖式，教师巡视。

3. 展示有代表性的学生作业，教学竖式书写

（1）
```
     21
  2）42
     42
      0
```

（2）
```
     20            1          + 20
  2）40        2）2              1
     40           2             21
      0           0
```

（3）
```
     21
  2）42
      4
      2
      2
      0
```

师：现在大部分同学已经写出了竖式，老师选了三种不同的写法，我们一起看看他们是怎么写的？你是其中哪一种？

师：（出示第一种）这个除法竖式你能看懂吗？这种写法和以前我们学习的除法竖式相同，一次就写出了得数，我们分小棒时，是先分整十的，再分几个，这种写法有没有把两次分的过程表示出来？

生：没有。

师：（出示第二种）这种写法能看懂吗？

生：能。

师：你觉得这种写法怎么样？

生：他把每次分小棒的过程都写成了竖式，就是有点麻烦。

师：其他同学有什么想法？

生：我也是觉得有点麻烦。

师：又能表示出两次分小棒的过程，又能书写简单一些，应该怎么写呢？能不能把三个竖式合起来呢？

师：（出示第三种）我们来看这个同学写的竖式。谁来说说怎么样？

生：看不太明白。

师：好多同学看不明白，我们一起来看看。

课件出示第三种竖式的书写过程，教师结合分小棒的过程讲解：分小棒时，先分整十，竖式计算时，就先算十位上的4除以2，得2，2表示什么？

生：2表示两个10。

师：2对齐被除数的哪个数书写？

生：对齐被除数中十位上的4写。

师：然后把商和除数的积写在被除数4的下面，4减4得0，说明整十的小棒分完了。

师：这个"0"要不要写？为什么？

生：不用写，写和不写都一样。

生：不用写，后面还没算完。

师：这个0不用写。先分整十，后分几个，计算时，第二步就把个位上的2落下来，然后算2除以2，商是几？对齐被除数的哪位写商？

生：商是1，写在个位。

师：在被除数2的下面写什么？

生：写2和1的积。

师：最后算完了，2减2得0，这个0要写上。这样42÷2的笔算竖式就写完了。大家现在看看这三种写法，哪种既能表示出两次分小棒的过程，书写起来又比较简单？

生：第三种。

师：好，自己用第三种写法，再写一遍42÷2的笔算竖式。

（评析：教学笔算竖式时，首先放手让学生尝试，用竖式表示两次分小棒的过程，给学生自主学习的时间和空间，展现学生的原始思维。第一种写法是学生根据表内除法的竖式迁移而来，一步就写完了；第二种写法是把口算的算式写成竖式；写出第三种的学生其实并不真正明白为什么这么写，多数是提前学习的结果。教师依次出示三种不同写法，通过引导学生评价每种写法的优点和不足，逐步优化，将分小棒的过程与第三种写法结合，进行讲解，将算理和算法有效结合，学生在充分理解算理的基础上，对抽象的笔算过程有了清晰的认识。）

4. 练习

师：不分小棒，你会用竖式笔算64÷2吗？

生独立练习。指一名学生板演。

课件展示书写过程。

师：商3为什么写在十位，商2为什么写在个位？被除数下面的6和4表示什么意思？

（评析：笔算竖式对三年级学生来说比较抽象，让学生动手分小棒，课件动画演示分小棒，通过动手操作、直观演示等，直观形象的展现计算思维过程，有利于学生理解算理。在竖式教学时，结合分小棒的过程，重点突出商表示的意义和被除数下面写除数和商的积的意义，将算理和算法有效沟通，使学生在理解算理的基础上，学会竖式计算方法。在计算42÷2时，学生分小棒，说过程，写竖式，教学自然流畅。学生经历了估算、口算、笔算的过程，体现了三种计算方法的有机结合。）

（三）解决问题

有48个糖豆，每人分8颗，可以分给几个人？

每人分4颗呢？

每人分3颗呢？

师：第一个问题，怎么列式计算？

生：48除以8等于6，想口诀六八四十八。

师：可以用口诀想商。第二个问题呢？

生：48除以4用竖式计算。

师：不能直接用口诀一步算出得数时，可以用竖式笔算。

师：想一想第三个问题和第二个问题在计算时有什么不同？

生：十位上的数除不完。

师：十位上的数除不完时，应该怎么办呢？同学们可以自己尝试用竖式笔算一下，等下节课我们继续学习笔算除法。

（评析：48除以8用乘法口诀想得数，48除以4用竖式笔算，48除以3也是用竖式笔算，在解决问题时，引导学生再次经历选择适当算法解决问题的过程。通过不计算，想一想，使学生在思考如何计算48除以3时，自觉运用本课所学知识进行推理，将知识迁移，训练学生的思维能力。）

（四）总结

师：这节课你学会了什么？还有什么收获？

生：我会用竖式算除法了。

生：我学会了两位数除以一位数的笔算。

师：两位数除以一位数的笔算很重要，学会用竖式计算的方法对以后的学习很有帮助，希望同学们能熟练掌握笔算方法。下课。

总评：

1. 改变问题情境，突出教学重点

两位数除以一位数教材中情境图的信息量较大，如果按照发现信息、提出问题、解决问题的思路教学，必然削弱算理的理解和算法的学习，而且利用信息提出的问题都是除法包含分的意义，对后面学生利用分小棒理解算理会产生歧义，也不利于算理的理解，基于这些思考，大胆舍弃情境图，利用学生喜欢的事物，结合旧知的复习，创设了平均分意义的问题情境，理顺与操作活动的承接。

2. 动手操作、直观演示，充分理解算理

计算是小学数学教学的重要内容，它贯穿小学数学教学的始终，无论是数学概念的形成、数学结论的获得，还是数学问题的解决等，都依赖计算活动的参与。两位数除以一位数的笔算是真正意义上笔算除法的起始课，在计算教学中占有重要地位，然而本内容对三年级学生来说比较抽象，动手操作是主要的学习方式，让每一位学生都动手，在分小棒的学习活动中，动手摆一摆、分一分，说一说分的过程，真正弄明白先分几十，后分几个，笔算时也就是先算十位，再算个位，分两步进行的道理，在理解算理的基础上掌握算法，使算理和算法得到有效沟通。

3. 大胆尝试，展现学生原始思维

学生已有表内除法的笔算知识经验，课上进行了充分的分小棒活动，在此基础上，放手让学生独立尝试写两位数除以一位数的笔算竖式，展现学生的不同思维，再让学生对三种典型写法进行评价、对比，逐步认识正确的竖式写法，优化思维，掌握方法。

总之，计算课教学，要努力做到：一是在计字上下功夫，二是在基础口算上下功夫，三是在合理选择算法上下功夫，四是在算理和算法结合上下功夫。

"什么是面积"教学设计与反思

【教学内容】

义务教育课程标准实验教科书北师大版三年级下册。

【教学目标】

1.通过摸一摸、画一画等直观操作活动，初步感知面积的含义。

2.经历比较图形面积大小的过程，体验比较策略的多样性，尤其是借助工具进行比较的策略，培养与人合作的意识。

3.在实践活动中，培养学生的观察能力、空间想象能力、求异思维能力。

【教学重难点】

理解面积的意义。

【教具准备】

配套学具袋中的透明方格纸、小圆片、小方片，长、正方形纸片，剪刀，练习题课件。

【教学过程】

（一）创设活动情境，在活动中理解什么是面积

（1）课件出示学校宽敞、明亮的走廊、教室，干净、气派的教学楼图片。谈话：同学们，欣赏了我们学校的几幅图片，想说点什么？学校很漂亮、很宽敞，它到底有多大呢？请看老师调查的信息。

（2）课件出示以下信息：

学校占地**面积**约七万平方米。

学校操场**面积**约一万五千平方米。

我们三（2）班教室**面积**约五十七平方米。

（3）师：读一读，这些信息都是介绍学校哪个方面的情况？

你认为面积是什么？学生说说自己的理解。

（4）摸一摸。

摸一摸数学课本的封面、课桌的面、铅笔盒的面，感受物体表面的大小。

（5）画一画。

师：这些物体的表面有大有小。老师这儿有本《数学小灵通》，和你的课本比，哪本书大？

我们比的是它们的什么地方？学生指一指，说一说。

能不能把它们的表面画出来？

教师和一名学生一起在黑板上画书的封面，其他学生认真观察，如果学生出现所画图形首尾不相接的情况，教师要问学生这样画行不行，强调必须是封闭图形。

师：我的手和你们的手比，谁的大？

教师和一名学生一起在黑板上画手掌心，注意强调画封闭图形。

（6）小结板书：物体表面的大小或封闭图形的大小就是它们的面积。

学生齐读一遍。

同位两人活动：摸一摸身边物品的面积。

（7）面积与周长做比较。

师摸课本封面的面积，再摸课本封面的周长，让学生判断摸的是周长还是面积，并说说为什么。在对比中，使学生体会面积的含义。

（二）动手操作，感受比较面积大小方法策略的多样性，加深对面积的理解

1. 比一比

出示三角形、长方形、圆形各一个，学生观察判断哪个面积最大。

2. 试一试

出示面积相近的一个正方形，一个长方形，比较它们面积的大小。

学生观察猜测哪个大。

借助工具同位两人一起验证刚才的猜测。

学生同位合作，教师巡视，及时提示学生充分利用不同的学具进行验证。

学生汇报。选择验证策略多的一组同位汇报，其他小组在每听完一种方法后，都举手表示自己有相同的方法。

学生大都会用圆片、方片、透明方格纸来比较，可能没有剪开图形，用拼一拼的方法比较的，说明学生的思维容易被框住，教师应引导学生突破框框，发展思维。

师：同学们用学具验证了刚才的猜测后，有什么话要说？

学生说说感受。

小结：当我们用眼看不出两个图形的面积谁大时，我们要借助工具来测量，平时做事情也是一样，要多动手、多动脑，学会借助工具帮助我们解决问题。

（三）知识拓展，感受"面积"在图形设计中的美

1. 出示课本第41页练一练第2题（图略）

师：看这两个图形谁的面积大？

为什么一下子就知道它们的面积相同？学生的根据是数数图形上的格子。

师：看来数格子是一种很好的方法。

出示两个相同的空格：说明在这两个空格后面各藏着一个图形，它们的面积分别是6格、15格，你们猜哪个图形的面积大？

学生猜测一：15格的大，因为它格子多。猜测二：都有可能，因为格子的大小可能不一样。

打开图形，验证猜测。

强调：比较几个图形面积的大小，必须要有统一的标准，为后面面积单位的学习做铺垫。

2. 出示课本第41页"练一练"第3题（图略）

师：这个图形中有几个小图形？观察它们，你有什么发现？（面积相等，形状不同的图形）

师：除了数格子的方法，大家再看看，这些图形间还有什么关系？它们的大小相同，方向相反，这是……

师：说得好，是轴对称图形，人们常常用轴对称图形设计图案，非常漂亮。

3. 设计面积相同的图形（在方格练习纸上）

师：大家知道面积相同的图形可以变幻不同的形状，想不想亲手设计出美丽的图形？每人在格子纸上画一个面积是7个格子的图形。

展示形状各异的图形，特别是设计有创新、打破常规的方法。鼓励学生求异思维。

师：这个同学的方法突破了常规，更有思维价值，前面比较正方形和长方形面积时，大家都按常规的方法在纸片上摆学具，如果我们没有学具，该怎么办？（启发学生能够想到用剪刀剪或者用手撕的方法。）

师：如果物体的表面面积很大，用学具我们无法操作时，又该怎么办？在接下来的学习中，我们会找到答案，同学们有兴趣学习吗？（为下节课"面积单位"的后续学习做铺垫）

（四）总结

本节课你学会了哪些知识？还有哪些收获或者是问题？

📝 教后反思

关注生命，关注学生全面和谐发展，是课堂教学追求的一种理想境界。生命化课堂观提出：课堂教学是"情感场""思维场""活动场"，基于这种理念支持，我在"什么是面积"一课的教学中做了一些尝试。

1. 创设情感场

学校是学生熟悉和热爱的地方，由了解学校开始，教师照顾了学生的情感需要，每个教学环节的设计，都是根据学生需要而进行，没有牵强，学生的学习热情高涨，探索欲望强烈，在教师一句句鼓励、启发的话语中，学生的情感得到尽情释放。

2. 创设活动场

在摸一摸、画一画、比一比、试一试等活动中，学生动手操作理解概念，合作交流思维碰撞，手、脑、口都在活动中得到充分展示。

3. 形成思维场

面积与周长是一对"冤家"，学生对它们总是分不清，理还乱，在课堂中，我用自己演示，学生判断结合学生自己动手摸一摸，充分感知它们的概念不同，使学生的抽象思维能力得到锻炼。在"知识拓展"环节中，学生已认可数方格的方法时，出示猜哪个图形面积大，使学生产生思维困惑，进而激发他们的求知欲望，完善思维。

在猜测、验证活动中，学生由无所知到无所不知，思维得到提升。特别是联系第二单元轴对称图形的内容比较图形面积大小，更使学生认识到善于联系已有知识、经验来学习是一种很有效的数学学习方法。

一节课，要想使学生学会知识不难，关键是学生获得知识的途径和方法是否有利于学生思维发展，是否有利于学生形成良好的学习情感和愿望，是否使学生掌握了正确的学习方法。"什么是面积"一课，在以上几方面做了有效的尝试和探索。

这节课的教学，我有个强烈的感觉，那就是三年级学生抽象思维能力比较差，具体表现在比较长方形和正方形哪个面积大时，学生都选择了利用现成学具摆一摆的方法，没有将图形剪掉，用拼接的方法来比较。

"年月日复习课"教学实录及评析

【教学内容】

青岛版数学三年级下册第85页"回顾整理"。

【教学目标】

1. 以上课日期为线索，引入对年月日的复习，调动学生兴趣，感受数学知识的实用价值。

2. 梳理有关年月日的知识，培养学生的概括能力及有序思维能力。

【教学过程】

（一）谈话导入

今天和同学们一起上课，老师很高兴，我想应该记住这个日子，谁来说一下今天是……

生：今天是2010年6月9日。

师板书。

（评析：老师很高兴和同学们一起上课，想记住这个日期，一下子拉近了师生关系，同时为复习年月日知识做好伏笔。）

（二）梳理知识

1. 以2010年6月9日为线索，回忆年月日相关知识

师：这节课我们一起复习第五单元年月日的知识。你能用学过的年月日的知识来介绍一下2010年6月9日这个日期吗？

学生无人回应。

师：请带着这个问题，独立阅读课本第61、62页，然后再来交流。

学生读课本，教师指导。

生：2010年是平年。

师：怎么知道它是平年的？

生：因为它除以4有余数，所以是平年。

师：除了平年还有……

生：闰年。

师：什么样的年份是闰年呢？

生：除以4没有余数的年份是闰年。

生：整百的年份除以400没有余数的是闰年。

师：关于年还有补充的吗？好，下面介绍月。

生：6月是小月，有30天。

师：关于月还有补充吗？

生：小月还有4月、9月、11月。

生：大月有1月、3月、5月、7月、8月、10月、12月，都是31天。

生：2月有时28天，有时29天。

生：平年2月28天，闰年2月29天。

生：一年有12个月，三个月是一个季度。

师：好，介绍一下日吧。

生：一日有24小时。

生：有两种计时法，普通计时法和24时计时法。

生：普通计时法有时间词，24时计时法没有。

生：去掉时间词，加上12，就是24时计时法。

（评析：年月日知识点较多，用上课日期为线索将零碎的知识点串联起来，既让学生体会到数学与生活的密切联系，又激发了学习兴趣。）

2. 知识梳理

师：刚才同学们用年月日的知识详细介绍了这个日期，大家的回答很全面，说明这部分知识掌握得很好，我们能不能将这些凌乱的知识梳理一下，形成知识树呢？下面试着填一填"年月日知识树"。

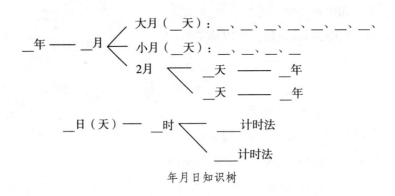

年月日知识树

学生汇报。

师：大家对自己的生日很熟悉，下面就用年月日的知识来介绍一下自己或他人生日吧。

同桌交流。

（评析：知识树形式是一种很好的复习方法，既可以层次鲜明、结构清晰地呈现单元知识脉络，同时培养学生的逻辑思维能力、概括能力。）

（三）解释应用

师：刚才我们一起交流了关于年月日的知识，有几个同学也在交流，来看看他们谁说得对。

（1）谁说的话对。

小丽：我爸爸出生于1971年2月29日。

小冬：从早晨6时到晚上9时，共经过了3小时。

小毛：第三季度有92天。

小健：2008年是闰年。

学生读信息，独立思考，然后全班交流，并说说判断对错的理由。

（2）今年暑假从7月12日开始，9月1日正式开学，能算出假期共多少天吗？

（3）小华每天坚持练琴1小时。一年中，她哪个月练琴时间最少？为什么？

（4）下面是欢欢、贝贝、宝宝出生的纪念卡。

欢欢出生时间：1997年2月24日22时40分

体长：50cm

体重：3800g

贝贝出生时间：1997年2月22日6时50分

体长：46cm

体重：3600g

宝宝出生时间：1997年2月22日16时40分

体长：48cm

体重：3200g

① 谁是早晨出生的，谁是晚上出生的？

② 他们谁最大，谁最小？请你按从大到小的顺序排一排。

③ 你还能提出什么问题？

（评析：在解决实际问题的过程中，培养学生综合应用知识的能力。）

（四）测一测

1. 填一填

（1）用24时计时法表示下面的时刻。

上午10：00（   ），傍晚6：20（   ），晚上11：00（   ）。

（2）2年=（   ）个月，3日=（   ）时，36个月=（   ）年，
5时=（   ）分。

（3）展览馆每天的开放时间是从上午8：30到下午5：30，展览馆一天共
开放（   ）小时。

（4）今年的2月份有（   ）天，10月份有（   ）天。

（5）两个连续大月的月份是（   ）月和（   ）月。

（6）中国共产党是1921年7月1日成立的，到2009年7月1日是建党（   ）
周年。

2. 火眼金睛辨对错

（1）小刚21：00睡觉，早上6：30起床，他睡了9小时。（   ）

（2）今天是5月30日，明天是六一儿童节。（   ）

（3）一个月中最多有31天，最少有28天。（   ）

（4）1996年是闰年，全年有366天，2月份有29天。（   ）

3. 选一选

（1）下面的节日所在月份是31天的是（   ）。

A. 十一国庆节   B. 9月10日教师节   C. 六一儿童节

（2）第三季度有（   ）天。

A. 90   B. 91   C. 92

（3）下面年份是闰年的是（   ）。

A. 1900年　　　　B. 2008年　　　　C. 2100年　　　　D. 1998年

（五）解决问题

小明6：55从家出发，7：15到学校，如果按每分钟走65米计算，你知道他家离学校有多远吗？

（评析：当堂测试，及时检查复习效果，提高复习效率。）

总评：

年月日是一个知识点多的小教学单元，针对这一特点，复习时的知识梳理尤为重要，复习课同时要考虑激发学生兴趣，调动学习积极性的问题，因此本课的设计密切结合学生身边的事例，由日期介绍到生日介绍到假期计算等典型问题引发整个单元知识点，学生积极投入，思维活跃。用知识树形式整理单元知识，是一种很好的复习方法，相信在不断应用过程中，学生的概括能力、逻辑思维能力会不断提高。

"统计与可能性"教学设计

（执教省教学能手评选课青岛版小学数学义务教育课程标准
实验教科书三年级上册）

【教学目标】

1.结合具体事例，知道事件发生的可能性是有大小的。

2.让学生在猜想、验证、得出结论的过程中，进一步体验事件发生的可能性有大有小和某些情况下有些事件发生的可能性是相等的。能对事件发生的可能性的大小做出判断。能够列出简单实验所有可能性的结果，初步体会统计的工具性。

3.在活动交流中，培养学生合作学习的意识及能力。

【教学重难点】

结合具体实例，知道事件发生的可能性是有大有小的。

【教具准备】

黄球（24个）、白球（18个）、转盘纸（若干）、红粉笔（5支）、绿粉笔（5支）、盒子（6个）、记录表一和二（各6张）。

【教学过程】

（一）创设情境，导入新课

师：同学们，你们知道商场搞促销活动时最吸引人的是什么吗？

（学生可能会说特价商品、抽奖……）

师：如果让你抽奖，猜一猜结果如何？

生：我可能抽到一等奖……

（板书：可能性）

师：你觉得抽到大奖的机会怎样？

生：很小……

师：想不想知道这抽奖里面的秘密呢？

生：想！

师：学完今天这节课，我们就可以揭开抽奖背后的秘密。今天我们就继续来学习统计与可能性的知识。（板书课题：统计与可能性）

（二）探究：事件发生的可能性有大有小

师：接下来我们要玩一个摸球游戏。在玩游戏之前，先请同学们猜一猜：盒子里装有1个白球，4个黄球。闭上眼睛，从盒子里任意摸一个球，可能是什么颜色的球？

生：可能摸出白球，也可能摸出黄球。

师：如果让你每次摸完后把球放回盒中，一共摸20次，摸到哪种球的次数可能多一些呢？

生：摸到黄球的次数多。

师：为什么摸到黄球的次数多呢？

生：因为黄球的个数多。

师：大家的猜测到底有没有道理呢？现在我们就通过动手完成这个游戏验证一下。请看游戏规则。

（课件出示游戏规则）

师：知道游戏怎么做了吗？现在就开始比一比吧，看哪个小组合作得最好并能在规定的时间内完成记录表一。

（小组开始摸球游戏）

师：老师发现同学们都已经完成了。现在请同学们放下手中的学具，朝前坐好。

请各小组派一名代表到前面来展示自己小组的游戏实验结果并说明为什么会出现这样的结果。

生：因为白球少，黄球多，所以摸到白球的次数少，摸到黄球的次数多。

师：也就是说白球的数量少，摸到白球的可能性怎样？黄球的数量多，摸到黄球的可能性怎样？

（板书：数量多，可能性大；数量少，可能性小）

师：谁还想再说一说？

生：白球的数量少，摸到白球的可能性小；黄球的数量多，摸到黄球的可能性大。

师：这说明事件发生的可能性是有大有小的。通过这个游戏，你觉得可能性大小与什么有关系呢？

生：与数量有关。数量多，则事件发生的可能性就大；数量少，发生的可能性就小。

（三）探究：某些情况下事件发生的可能性是相等的

师：想不想再做一个游戏？

生：想！

（师用课件出示游戏规则）

师：弄清楚游戏规则后，开始游戏，完成记录表二。

（小组合作完成）

师：请同学们整理好学具，我们准备交流。老师发现同学们的实验结果是不一样的，请大家认真观察这几张记录表，你有什么新的发现？

生：摸到白球和黄球的次数很接近，差不多……

师：为什么会出现这样的结果呢？

生：？

师：请同学们看一看科学家们做抛硬币试验的统计数据，大家会不会从中受到一些启发。

（课件出示科学家的试验统计图表和分析表。如果我们继续把这个试验做下去，当再增加试验次数时，它们的差就会更接近，可能会为0。所以说，如果在白球和黄球的数量相等的前提下，增加摸球的次数，那摸出白球和黄球的可能性就会更接近，会出现相等的时候。）

师：现在同学们能不能结合这节课所学的知识分析一下，为什么我们在商场抽奖时获奖的可能性很小，尤其是抽到大奖的可能性更小呢？

（学生先独立思考，后集体交流）

生：大奖的数量很少，抽到的次数也少，所以抽到大奖的可能性很小。

（课件出示小知识"抽奖揭秘"）

（四）巩固应用

（1）连线。

（2）给转盘涂上红、绿两种颜色。要使指针停在红色区域的可能性比绿色大，应该怎样涂？

（每人一张，然后学生上台展示并解释）

（3）摸粉笔。教师出示5支红粉笔，5支绿粉笔。问：在盒子里放6支粉笔，怎样放才能达到下面的要求：（课件依次出示下面问题，学生先独立思考，然后集体交流）

① 每次任意摸一支，摸到红粉笔的可能性大。

② 每次任意摸一支，摸到绿粉笔的可能性大。

③ 每次任意摸一支，摸50次，摸到红粉笔和绿粉笔的可能性相等。

（五）小结

师：这节课你有哪些收获？

生：……

师：这节课同学们的表现不错！回家后把今天所学的知识讲给爸爸妈妈听，看看生活中还有哪些事情发生的可能性大一些，哪些事情发生的可能性小一些，下节课我们继续交流，比比谁讲得多、讲得好！

"认识厘米"教学设计

（参选市教坛新星课例）

【教学内容】

义务教育课程标准实验教科书青岛版小学数学一年级下册第七单元第一课时。

【教学目标】

1. 在活动中，认识长度单位厘米，初步建立1厘米的长度观念。

2. 结合具体情境，经历用不同的方法测量物体长度的过程，体会统一长度单位的必要性。

3. 在具体的测量活动中，感受数学与现实生活的密切联系。

4. 创设古代问题情境，使学生了解尺子是人类为了解决生产生活中的问题，在不断地探索实践中发明的测量工具，感受人类的伟大，增强自豪感。

【教学重难点】

1. 初步感受统一长度单位的必要性。

2. 建立1厘米的长度观念。

3. 掌握正确的测量方法。

【教学过程】

（一）创设动画情境，使学生初步感受统一长度单位的必要性

课件播放动画故事：古时候有个人叫阿福，身上的衣服已经补了好几个补丁，这一天，他决定做一件新衣服，于是来到了裁缝店。裁缝师傅用手量了量，阿福的上身长3拃，就让徒弟记了下来，正好这天师傅有事要外出，吩咐

小徒弟把衣服做好。小徒弟认真地用手量好长度，裁布、缝衣。衣服做好了，阿福来试穿，咦，衣服太小了，穿在身上遮不住肚皮，师傅着急得用手量了量，问徒弟："告诉你身长3拃，怎么做成了2拃？"徒弟也纳闷："我量的明明是3拃呀！"

问题：同学们，你们知道是怎么回事吗？小徒弟经过思考，也明白了是怎么回事，他们只好重新给阿福做一件新衣。（这个小故事，使学生感受到师傅与徒弟都量了3拃，但他们的手不一样大，结果衣服做小了，只好赔偿阿福。）

（二）学生动手实践，进一步体会统一长度单位的必要性

（1）用手量一量课桌长几拃。

（学生汇报时，会出现不同的结果）

师：我们的课桌比较标准，结果你们量的长度却不一样，我们的课桌到底有多长？怎么办呢？（学生会有各种各样的办法，一般想法可能是用一个人的手量）

师：如果我们到工厂定做课桌，告诉他们长度是某某同学的几拃，行吗？怎么办？（学生可能会用铅笔盒、书、本子、学生尺等再来量，但离开具体情境，所测量结果都会受限制，不能既方便又准确地传达。在活动中，学生的办法一次次被否认，使学生切实感受到统一标准的长度单位的必要性）

（2）认识尺。

师：我国古代劳动人民，在生产生活中，经常遇到上面几种情况，聪明的人们就发明了尺子，现在我们常用的尺子有卷尺、直尺等，裁缝用的尺子是软尺。（出示各种实物尺子。使学生认识到尺子的产生是人类的创举，社会的进步，进而产生自豪感）

（3）认识长度单位厘米。

课件出示放大的直尺，让学生观察直尺上有什么？

（板书：厘米，长度单位）

（4）认识0刻度线，会读厘米数。

（三）学生测量活动，掌握使用直尺的正确方法

（1）独立测量1厘米长的小棒，说说生活中哪些物体的长度大约是1厘米，建立1厘米的长度观念。

（2）课件出示几幅使用直尺测量物体长度的图画。（有正确的测量方

法，也有不正确的测量方法，引导学生正确使用直尺）

（3）测量自己的1拃有多长，老师的1拃有多长，通过交流，让学生初步了解大人的手大约有多长，同学的手大约有多长。

（4）同位两人合作，测量学具袋中各种物品的长度，完成记录单。

（四）总结

说说这节课的收获。

教后反思

1. 创设情感场，以情促思，体会统一长度单位的必要性

厘米这一概念对于一年级小学生来说比较抽象，学习起来有一定的困难。为了使抽象的数学概念以一种生动活泼、富有活力的姿态展现在学生面前，我精选了学生感兴趣的素材，优化学生的学习情境。本课教学以生动的动画课件创设了"阿福的新衣"这一情境，一下子吸引了学生的注意。在学生积极思考和交流的基础上引发学生认知矛盾冲突：为什么师傅量时是3拃，做出来后却成了2拃？怎样解决这个问题？使学生体会到：为了测量的准确和交流的方便，需要统一的测量工具。告诉学生我国古代劳动人民在长期生活实践中发明了尺子，体现了数学知识与生活的密切联系，感受数学是一种文化，数学是随着历史的发展不断发展的。

2. 创设活动场，在实践中建立长度单位的概念

数学是一种文化，数感需要长期积淀，数学教学使学生在自主探索、合作交流、动手实践的学习过程中，将数学内化为一种素质。学生对"厘米"这一长度单位的理解要经历从直观到抽象、从朦胧到明晰，直到灵活运用的过程，而这一过程就是学生的不断感知、体验、实践、感悟的过程。教学中我把让学生体验1厘米作为重点来突破，创设了找一找、看一看、说一说的活动，使学生在不断深入地实践活动中感受1厘米，将表象内化为一种空间观念，促进学生对1厘米的深刻体验。特别值得一提的是让学生找1厘米长的小棒，说说对1厘米的感受时，学生因为有了切身感受，对1厘米很短认识深刻。

另外，估测是测量的一个重要组成部分，在现实生活中有着重要的作用。加强估算能力的培养，有利于学生正确的建立厘米的概念。"估一估""量一量"小棒这一学生常用的数学学具的长度，在"你想知道小棒的长度吗？"这一问题的引领下，学生很投入地进入到估、测的活动中，在同位展示测量方法时，强调了正确的测量方法，同位两人为了很快地用一把尺子测出两根小棒的长度，想出了不少节省时间的策略，我都及时做了鼓励性评价，以激发学生解决问题时，积极动脑，寻求最佳策略的积极性。

3. 目标体现比较到位

新课程要求数学教学要体现知识技能、过程方法、情感态度与价值观的三维目标。本节课的教学目标为：结合故事情境，使学生体会建立统一长度单位的必要性；认识厘米，初步建立1厘米的长度观念；会用尺子测量较短物体的长度，培养学生的估测意识；培养学生的观察能力、动手操作能力及合作意识，使学生养成良好的学习习惯等，基本达到教学目标。

4. 存在问题

针对学生年龄特点，自制力相对较差的问题，没有采取有效的组织方法，造成了学生动手操作时效率比较低的现象。

出示各种尺子时，将刻度对准，应引导学生进一步观察，发现每两个刻度线之间是一样长的，因此它们是统一标准的，体现尺子的优越性。

课堂上要经常组织同位活动，培养学生的合作意识以及与人合作的能力。

"认识图形" 教学设计

（指导市优质课课例）

【教学内容】

义务教育课程标准实验教科书青岛版小学数学一年级下册第18—19页，认识图形。

【教学目标】

1. 通过观察与操作活动，使学生经历从立体图形到平面图形的过程，在操作活动中初步体会"面在体上"，认识长方形、正方形、平行四边形、三角形和圆。

2. 在拼、摸、摆等活动中培养学生初步的观察、比较、抽象思维能力，从实物抽象到图形，发展初步的空间观念。

3. 让学生在多种形式的活动中，综合运用多种感官，体验数学知识的形成过程，感受学习数学的乐趣，体会数学与实际生活的联系。

【教学重难点】

通过观察和操作活动，初步认识和了解长方形、正方形、三角形、平行四边形和圆。

【教具准备】

教师：各种长方形、正方形、圆柱、球的实物和模型，多媒体电脑。
学生：彩色卡纸、剪刀、长方体、正方体、圆柱、球的实物。

【教学方法】

引导发现法、小组合作学习法、启发式谈话法、自学尝试法、观察法、游戏练习法。

【教学过程】

师：同学们，今天老师给你们带来了一幅美丽的图画，请往这儿看（课件出示情景图），看到这幅图你有什么感觉？（先观察，再说说你的发现）

师：谁来说一说？

（生说）

1. 操作交流，初步感知

师：对，这幅美丽的图画是由好多图形拼成的。（了不起，同学们一下子就发现了这幅美丽图画的特点）你们想用图形拼一幅漂亮的图画吗？

生：想。

师：听清楚要求：我们要在规定的时间内比比看哪个小组拼的快而且漂亮。完成的小组由小组长拿到展台前。

师：告诉你们一个小窍门，拼的时候小组内先要商量好拼什么，再动手拼摆！〔好，活动前先听听老师的建议和要求。建议：小组内先商量好要拼什么，再动手拼摆，要求：（   ）分钟内完成，看哪个小组拼得漂亮〕（生答）好，开始！

（生拼师巡视）

2. 展示

师：你们小组拼的什么？（请组长介绍一下你们组的作品）（生说）你说得真清楚。

3. 分一分，揭示概念

师：（留住最后一组）我想问你一个问题，你们在拼的时候发现这些图形的形状是一样吗？（生回答）请回，认为不一样的马上坐好。

师：现在请同学们把你们面前的图形按不同的形状来分分类。（学生分组活动，把桌上的图形按照形状不同分类，教师巡视）

师：哪个小组想展示一下？（一小组展示）你分了几类，按什么分的？

师（举长方形）：你们看，这一组同学把这种形状的图形分成了一类，你们同意吗？你们看看，它们的大小、颜色不同为什么把它们分为一类呢？（生：形状相同）这些形状相同的图形，我们给它起个名字，长方形。（然后用同样的方法认识正方形、三角形、平行四边形、圆。注：这里边起名，边贴

图形，边板书，然后让学生看板书齐读，加深印象。再组织一个小游戏，还是进行名称记忆，使认识落到实处）

师：前面我们认识了立体图形，这节课我们要研究一下这些平面图形。（板书课题）

4. 揭示课题

师：刚才我们一起认识了（师举图形、生说名字并把图形张贴在黑板上）长方形、正方形、三角形、平行四边形、圆。我们这节课就是来认识这些图形的，这些图形都是平面图形。（板书课题）

5. 抽象图形

师：现在看桌子上还有好多物体，你能试着从这些物体上找一找，摸一摸我们刚刚认识的这些图形吗？看谁找得快？说说看你在什么物体上找到了什么图形？

（生举物体说图形）

师：老师帮每个小组准备了一些学具，每人拿一个，看从它身上能不能找到长方形、正方形、三角形、平行四边形、圆形，在小组内交流一下。

师：看老师也从长方体上找到了长方形。（边介绍边出示课件）

6. 动手操作，合作学习

师：同学们既善于观察，又善于思考，能在不同的物体上找到不同的图形。想不想知道（随手拿起一学生身边的长方体）它的平面图形画出来是什么样子的？仔细看大屏幕。（课件演示从体到形，依次展示长方体、正方体、三棱柱、圆柱体的平面图形）

师：喜欢这些图形吗？想不想把这些图形从你面前的物体上搬下来留在你的练习本上？

师：想想看你有什么办法？谁来说说你的方法？

师：想动手试试吗？试着画一画吧！（生画师巡视）

7. 游戏"我来说你来举"

师：喜欢做游戏吗？接下来我们一起做个小游戏，我说你举，认真听：长方形、正方形、三角形、平行四边形、圆。

生：没有平行四边形。

师：你们画的图形里没有平行四边形，试着从你们面前的卡片中找出来举给大家看。

师：真不错，看来你们对这些图形有了更多的认识和了解。

师：看到同学们玩得这么高兴，大家看，小牧童也忍不住骑着黄牛赶来了。（出示情景图中的"牧童骑黄牛"）

师：仔细找一找这幅图中有我们学过的哪些图形呢？（生找并指出）

8. 猜一猜

（先出示正方形再猜圆形）

师：刚才同学们找得快、说得准，有几个图形朋友也想和你们做游戏，不过这几位朋友比较害羞，只露出一点点脸，猜猜看它们是谁？（先出示正方形）

师：你猜它是一个长方形，还有不同的意见吗？（生猜三角形）可能是三角形，（生猜平行四边形）到底是什么图形呢？原来是正方形啊。（看来，要知道它是谁，只看一部分是不好肯定的，我们只有猜测，而验证猜测就必须全面的看它）

（猜圆）

师：为什么意见这么统一呢？因为它最有特点了圆圆的。

这节课我们认识的图形中只有圆形上有这样的一部分，我们可以肯定它就是圆形。

师：只要你仔细观察就会有更多的发现！

9. 生活中的图形

师：刚才同学们看得真，猜得准，那你知道这些物体的面是什么形状的吗？请往这儿看。（课件出示课本第20页第二题）

师：你瞧，在我们教室里的物体上有我们认识的这些图形。请你找一找哪些物体的面上有这些图形呢？看谁发现得多。

生找图形并汇报交流。

师：这么多啊，原来数学真的就在我们身边啊！

10. 图形欣赏、总结

师：其实生活中还有更多的图形，只要你走出教室，用心观察就会有更多的收获。（课件出示生活中的图片）希望大家在放学的路上、家中找到更多的图形，课外活动的时候我们一起开一个"图形之家"汇报会。

第三章

三尺讲台　硕果累累

怎样做一个好教师

——聚焦课堂"有效设计与实施"小学数学研讨会感悟

第一次坐动车，一个新的体验，时速在200~250千米/小时，无怪乎奥巴马说要跟我们学高铁技术，油然为祖国而骄傲。思及对学生的教育和自身的发展，怎么才能激发学生的动力系统，也像动车一样飞速前进。在上海举行的聚焦课堂"有效设计与实施"小学数学研讨会上，聆听了十位专家、名师的报告和示范课后，不免反思自己的教育行为，对学生学习、对教师教学以及对学生与教师的关系，有了一点新的感悟。

一、教师要真正做到以学定教

教师要读懂学生，这是听贲友林老师讲座最大的感受。"读你千遍也不厌倦，读你的感觉像三月，浪漫的季节，醉人的诗篇……"在轻盈的歌声响起时，听到了贲友林老师的讲座，对于没有音乐细胞的我来说，不知道这首歌来自哪里，也不知道贲老师播放此歌何意，原以为就是播放个音乐轻松一下，可恰恰不是这么单纯，而是为了向我们渗透一个信息：学生，读你千遍也不厌倦。举了这么一个问题："有两个爸爸和两个儿子一起去看电影，至少要买几张票？"学生回答："三张。"老师很惊喜，问其原因说："两个爸爸一人一张，两个儿子每人半票，所以是三张。"原来孩子是这么想的，不是我们想要的"爷爷、爸爸、儿子三个人"的答案。有句歌词，"其实，你不懂我的心"，正如贲老师所说："其实，我们真不懂学生的心！"陶行知老先生说："人人都说小孩小，谁知人小心不小。你若小看小孩小，你比小孩还要小。"

1. 学生，不是一张白纸

想想我们平常的课堂，我们课堂中的学生，他们在来教室时，也带来了对世界的已有看法。如果没有最初的看法，他们可能无法领会教师所授的新概念和信息。例如，读数写数、认识钟表、购物付款等知识经验，只是由于个体的不同，具有的经验也是不一样的。但是对于教师来说，学生并不是一无所知。因此，教师在备教材前要先备学生，了解学生已经具备哪些知识，他们的知识的起点在哪里。可是，备学生对于我们来说，有时只是流于形式。

2. 学生，不是容器

数学学习并不是教师一味地"告诉"，告诉学生计算公式，告诉学生算法算理，而是应该追求"告诉"的艺术，也就是说应该教会学生学习。数学学习，需要学生对一个问题进行猜想，再通过操作去验证，接着进行交流，最后验证猜想，发现规律。教师应该在教学中有意识地培养学生动手操作、合作交流等能力。因为只有掌握了这些学习的基本技能，他们才能学会自己去获取知识，而不是一味地从教师那里"索要"知识。

3. 学生，不是标准件

必须承认学生个体的差异，不要向学生要求他们不可能做到的事，也不应该用同一个标准去评判所有的学生。不同的学生要达到的知识水平和范围，所有的道路是各不相同的。教学的技巧和艺术就在于，如何使每一个学生的力量和可能性发挥出来，因此应该采取个别对待的教学态度。不论是新授课的教学还是练习题的设计，都应该考虑到学生的差异，力求让每一个学生在课堂上都能有所收获，哪怕是在掌握知识的道路上前进了一小步，这堂课对于他们来说都没有白费。

4. 学生是什么

学生是人，是成长之中的人，是成长之中需要帮助的人；学生是具有巨大潜力的可以塑造的人，是必须超过教师并推进社会发展的人。很多时候，我们当教师的在学生遇到问题时，并没有站在学生的角度替学生想一想，而总是站在高处俯视学生，用我们心中的标准去衡量每一个学生，为把原本"有棱有角"的学生磨得光溜溜的，而心中窃喜，看我们班学生多好：上课坐得端端正正……殊不知五指伸出来还有长短，更何况几十个充满个性的人。当教师的应该坐下来好好反思自己：我们心中的标准是否对每一个学生都有益，学生在按照我们的标准去做时，是怎么想的？在标准履行的过程中是否对学生造成了伤害……我们要善于发现学生的不同点、优点，而不应该用一把尺子去衡量。爱迪生上小学时，学校买来了新玩具，他很好奇，全给拆了，但又装不回去，气得老师请来了他的妈妈。老师对爱迪生的妈妈说："你的儿子太爱拆东西，你要让他改改这个毛病！""老师，我看你这样说不对！我观察儿子很久了，他跟别人最大的不同就是喜欢拆东西，你叫他改掉这一点，那我儿子不就和别人一样了吗？"如果爱迪生的妈妈支持老师，也许就没有20世纪对人类贡献最大的科学家了……

二、教师要明白课堂教学的本真

数学到底给学生们什么，要留下什么？这是浙江省嘉兴市南湖区的朱德江老师在报告中提出的一个问题。是知识、技能，还是成为数学家？著名数学家波利亚曾说过："学生中学毕业后研究数学、从事数学教育的人占1%，使用数学的人占29%，基本不用或很少用数学的人占70%。"那么我们到底给学生留下什么？数学是什么？

1. 引发学科兴趣

随着信息社会的发展，学生接收信息的渠道尤其广泛，学生质疑问难、节外生枝的频率显现了教师本体性知识的缺失。"三角形为什么不叫三边形""四边形为什么不叫四角形"等问题的出现，要求教师要增强本体性知识，走向知识专业化，不断提高自身的价值。听课中可以明显看出名师对教材掌握的深度，应用教材而高于教材，如俞正强老师在教授一年级的"厘米的认识"这节课时，在教学开始找了两位高矮不同的男女同学，然后提问学生：他们有什么不同？学生七嘴八舌的比较了一会儿。然后，俞老师又接着学生们的话头问A同学比B同学高多少，于是学生有了各种各样的回答：多少米、多少厘米、多少公分、一点、一点点、一个头、一把尺、一个拳头……俞老师又接着问："你们喜欢哪种表示方式？"结果学生都不采用平时常用的数量单位去比。这时俞老师就激起了学生们已有生活经验和现实认知的矛盾，激发了学生对度量单位认识的兴趣，并且通过这一问题的设计使学生们感知到了学习度量单位的必要性，达到了本课学习的三维目标。

2. 培养专业素养

日本数学教育家米山国藏曾阐述这样的观点："在学校学的数学知识，毕业后没什么机会可用，一两年后很快就忘掉了。然而，不管他们从事什么工作，铭记在心的数学精神、数学思想、研究方法和看问题的角度等，却随时随地发生作用，使他们受益终身。"因此，作为学生数学学习初始阶段的小学数学，除了重视数学概念、法则、公式、性质等显性的知识教学，更应该重视数学意识、数学思想方法、数学思维方式等数学素养的培养，使数学学习给学生留下意识、思想、经验、习惯、快乐，为学生的后续学习和可持续发展奠定基础。例如，圆的周长练习设计。

A练习：

（1）求下面各圆的周长：$d=3$厘米，$d=7$分米，$d=19$厘米，$r=5$厘米，$r=8$厘米，$r=4.2$分米。

（2）一个圆形花坛的周长是37.58厘米，它的直径是多少厘米？

（3）一个圆的半径扩大2倍，它的周长扩大几倍？

B练习：

（1）用圆规在纸上画一个圆，你知道它的周长吗？

（2）手指的截面形状近似圆形。量量算算，估计每个手指的粗度大约在什么范围之内。

（3）每名同学拿出墨水瓶，有办法知道它底面的周长是多少吗？

两者一比较，我们不难看出：A练习是传统的练习方法，注重的是对解题方法的掌握和锻炼解题的熟练程度。B练习则精心设计，让学生通过自己的解题过程去发现规律，不但使学生的解题能力得到锻炼，掌握了解题方法，同时，在解题的过程中发现规律，获得发现规律成功的乐趣。所以，我们不仅要关注知识技能，更应关注数学与生活的联系，关注解决问题能力的形成，关注数学思维方法、数学思维方式及数学精神……

3. 追寻快乐成长

俞正强老师上的是一年级的课，没有听到一句组织课堂的话，他的话都是给学生思考的种子，学生都积极思考问题，已经忘记了说闲话、做小动作。刚刚听过张爱军老师的课，张老师通过各种题目吸引了学生的思维，整堂课下来，从张老师的语言表情上，可以看出她是很有成就感的，她是快乐的，同时学生也是有成就感、感到快乐。童年是快乐的，数学学习生活也应是快乐的。真正使数学学习成为一种乐趣、一种享受，这一点在小学显得尤为重要。学生的数学学习活动应当是一个生动活泼、丰富多彩、富有个性的过程。数学课堂应当成为学生探索与交流、自主建构的场所，成为自由表达自己的思想、放飞心灵的舞台。假如不让学生独立思考，不尊重学生的个性，不接受多元共存，只是一味地用所谓的"标准答案"武装头脑，那么学生的头脑将逐渐变成各种"标准答案"的跑马场！理想的教育应当尽可能地保持个性，因为这是人及其创造中最珍贵的东西，最美好的东西，哪里个性没有保存，受到压抑或被忽视，哪里的教育就不能完全实施。

三、教师要做学生真正的心灵导师

刘松老师为四年级的学生上了一节"方程的认识"，开门见山地说要认识一个重量级数学量——方程，引导学生提问题认识方程，归纳出三个关于方程的问题：为什么？是什么？干什么？然后就让学生自找文本，去解决这三个问题，整堂课学习气氛热烈，全靠学生自己解答了三个问题，对方程的概念让很多学生重复，重复是学习之母，经过十几位学生的重复，即使没有回答的也了然于心了。刘老师出示了几种方程，让学生按照不同的方式画圈分类，一个个学生上去画圈，一种又一种的集合圈产生。我们往往以总结一节课结束，而刘老师却以问题结束。一节课的结束，不就是下一节课的开始吗？且不说这节课如何高效，令人折服的是下课后学生不走，争着抢着让刘松老师签名，可见刘松老师就是学生真正的心灵导师。

1. 师生不厌是基础

有效课堂师生关系当然不是单方面的，最少有两方，并且是相互的。如果一个教师看到学生就讨厌，那么可以想象他是带着什么情绪上课，课堂效果也可想而知！同样，学生如果讨厌一位教师，他的听课效果，他的学习效果必定不会好，他的成绩必定好不了，于是乎恶性循环。所以，师生之间互不厌烦，是最基本也是最必要的一个条件，否则无法进行有效教学。这就需要我们走近学生，走进学生的世界，还是那句话：把自己看成学生，把学生看成自己；把学生看成学生，把自己看成自己。要有学生的心态，要不断和学生共同发展，学会换位思考。教师眼里有学生立场、儿童立场（相对于教师立场、成人立场）。蒙台梭利说过这么一句话："我们成人习惯于用自以为是的方法来解释孩子的行为，用自以为正确的方式来对待孩子，这不仅造成学校教育的偏差和整个教育体制的误导，更导致社会采取了一连串完全错误的行动。"

2. 师生喜欢是必要条件

"亲其师，信其道。"当一位教师受学生喜欢，就可以有许多连锁反应，比如学生会积极回答问题，会独立的思考学习，会按时保质地完成作业，等等。于是就会提高课堂的有效性，提高教育的效果。同时教师本身会获得快乐，会对工作更有兴趣，更积极，从而促进其去钻研教学，以更完美的设计送给学生，这样的良性循环不就是我们所要追求的吗？当学生喜欢你时，他不会违反课堂纪律，而且会帮助你进行教学，我想我们都有这样的感触。学生喜欢什么样的老师？你领着他们玩，不布置作业，他们不一定就喜欢你。学习是人天生的本性，可以去调查一下，学生很有明辨的。教师是知识的重要传播者和创造者，连接着文明进步的历史、现在和未来，更应该与时俱进，不断以新的知识充实自己，成为热爱学习、学会学习和终身学习的楷模。教师学习不仅是为了民族的复兴与进步，更是为了每一个学生的发展。因为只有不断学习，教师才能准确把握现代社会的人才观，才能准确把握当代少年儿童的身心发展规律，才能准确把握来自不同家庭的学生的个性差异、学习差异和发展差异，从而做到有的放矢，因材施教。

3. 师生崇拜是境界

"教师的成功是创造出值得自己崇拜的人""先生的最大快乐，是创造出值得自己崇拜的学生。"这是陶行知先生的话，陶行知先生的创造性教育思想在现在看来依然有着重要的意义，他主张教师要创造性地教，学生要创造性地学，教师要创造出值得自己崇拜的学生。他说："教育者不是造神，不是造石像，他们所要创造的是真善美的活人。"当刘松老师上完课，学生争相索要签名的时候，我不禁想到，就一节课，学生便能如此崇拜，而我们有的教师给学生上课时间越长，却让学生越来越生厌。

教出崇拜自己的学生，这一个理想目标本身就很吸引人。能为这一目标而工作，是多么令人愉悦。教师如果把握了这个大目标，具有了这种创造理想，并以此创造为快乐，就不会有什么工作上的怨言。要开展创造教育活动必须具有大无畏的开拓进取精神、刚强不屈的信念和水滴石穿的顽强思想。创造本身就是一种全新的挑战、艰辛的探索，坎坷与劳累是必然的。长江后浪推前浪，青出于蓝而胜于蓝，这是事物发展的必然规律。"点滴的创造固不如整体的创造，但不要轻视点滴的创造而不为，呆望着大创造从天而降。""处处是创造之地，天天是创造之时，人人是创造之人，让我们至少走两步退一步，向着创造之路迈进吧。"我们要培养出崇拜自己的人，就要从小事做起，从点滴做起，每天都要做有心的创造者，把每个学生都视为可创造之人，不畏艰难，向着理想的目标前进。

泰戈尔说："不是槌的打击，乃是水的载歌载舞，使鹅卵石臻于完美。"

如果承认教育是师生心灵的和谐共振，互相感染、互相影响、互相欣赏的精神创造过程的话，我们不能只是看到教师的教育艺术让学生日臻完美，也应该看到来自学生心灵的泉水也在洗涤、滋润着我们的心灵，让我们的人格，让我们的教育，让我们的事业，也日臻完美。

从这个意义上说，教育不仅是一项人生的壮丽事业，还是一首心灵的美丽诗篇！

（发表于《当代教育科学》）

启迪智慧，促进生长

——五（1）班"开学第一课"教学记

师：同学们，我发现咱班同学纪律特别好，特别懂礼貌，我一进教室同学们就跟我打招呼，感觉很亲切。韩东昊同学是第一个向我打招呼的，我问你，你是怎么知道我是你们数学老师的？

韩东昊：我看您拿着数学课本进来，就知道了。

师：这就是一种思维，根据我拿着数学课本进教室，判断出我是你们的数学老师。知道老师是怎么知道你名字的吗？因为以前我来听课时，你在课堂上积极发言，表现特别好！

韩东昊略显羞涩地坐下了。

师：其实我在一年前是给现在的六年级同学上课的，后来被教育部选派到香港工作了一年，回来后很荣幸成了五（1）班的数学老师，和你们这些可爱的孩子在一起。我还发现了一个同学从我进教室起就一直安静地端坐着，就是这位同学，她叫……（生：高康宁）这是一种很好的习惯，在课前除了准备学习用品，还要做好心理准备，课前一两分钟让自己安静下来，有什么好处啊？

张文秀：可以静下心来想想课上学习的知识。

师：你们同意她的说法吗？的确，说得很有道理，课前身心静下来，是上课精力集中、提高课堂效率的保证。课堂学习效率高了，有什么好处？

王善哲：可以掌握更多的知识。

师：还有最实惠的好处，就是减少课外作业量（学生开心大笑）。是啊，课外作业是为巩固课堂所学知识而设，如果课堂上掌握得很好，还有必要布置那么多课外作业吗？你们就可以有更多的时间做自己喜欢的事，锻炼身体，去读喜欢的书，开阔视野，丰富知识，使自己生动起来，活泼起来，而不是整天圈在家里"死"学。你们同意我的说法吗？这也是我对大家的第一个希望。

学生若有所思地点点头。

师：说了这么多，我还没有自我介绍呢。我和咱班一个同学是同姓，知道他是谁吗？

杨佳琪：是傅圣钧。

师：请傅圣钧同学起立。你这个姓有没有人发别的音？

傅圣钧：他们开始叫我"博"圣钧。

师：哈哈，老师和你一样，不少同学叫我"博"老师。（板书：傅、博）这两个字长得很像，不过还是有区别的。

生：偏旁部首不一样。

师：如果在"博"后面加上"兴"这个字，在"傅"后面加上"学燕"两个字，就好区别了。其实这两个字在老师身上关系很密切，博兴是我的老家，傅学燕是我名字。（学生会意地笑了）

师：好，现在怎么称呼我？

生：傅学燕、傅老师。

师：我听到了两种不同的声音，有的称傅学燕，有的称傅老师。我就喜欢课堂上同学们有不同的回答，说明有不同的思考。这两个答案都对，称呼哪个都行，有同学可能想：怎么可以直接叫老师的名字呢？其实如果你觉得这样叫亲切，那就这样叫好了。

……

40分钟很快过去了，听着学生简洁、真诚的表白，我被感动了。

探索与感悟：

2008年教育部和中央电视台密切合作，每年新学年开学之际推出《开学第一课》，针对中小学生的特点精心设计，用学生喜欢的方式，使学生在潜移默化中陶冶心灵。我想，我们的数学课也可以上"开学第一课"，开好每一个学期的开端！于是，我从2012年开始，每学期第一课都精心准备，并且翔实记录过程，形成所感所悟。实践证明，这样的开学第一课比单纯讲知识、提要求更好，所达到的教育教学效果是显而易见的。经过五年的探索，我形成了对话亲近新班、温故引领老班、梳理建构毕业班三类模式，让自己的"开学第一课"成了体系，有了特色。

1. 对话拉近距离，规范学习行为

中途接新班是教师经常遇到的事情，教师面对陌生的学生，学生盯着陌生的教师，会有很长一段时间不适应。接新班怎么消除师生间的陌生感，让学生了解教师的上课习惯，知道教师的教学主张，进而喜欢上教师？上好开学第一课至关重要。上面的课例，就是笔者接新班的第一节课，通过与学生的对话，迅速消除了师生间的陌生感，为以后课堂教学秩序的建立、数学思维习惯的培养打下了坚实的基础。与新班学生对话不是随意谈，之前要充分了解学生。知己知彼，百战不殆。这个"知"实际上就是知道、了解的意思。世间万物，要想走近它并得心应手地运用它，就要事先了解它，掌握它的秉性，然后顺性而为，方才有效。与学生打交道，想让学生把教师当自己人，就要充分地了解学生，读懂学生，设计生动有趣的对话情境，创设心理安全的课堂环境，师生在轻松、愉悦、和谐的氛围中，享受课堂，共同成长。

2. 温故知新，引领"生长"

杜威说："教育即生长。"我认为生长包括生命的成长、知识的生长。开学第一课，如果是自己一直带着的老班，我会指导学生进行"温故而知新"，建构新旧知识间的联系，体会"利用已有的知识学习新知识"这一重要的数学学习方法，感受生命的成长、知识的生长。在实践中，一般从三年级开始，我会先让学生在假期里梳理旧知，预习新知，寻找新旧知识间的内在联系，形成"温故而知新"实践作业，然后在开学第一课上交流、完善。

3. 梳理知识，构建网络

小学毕业班的学生已经具备了初步的抽象思维能力、自主学习能力，针对毕业班复习课较多的情况，笔者给毕业班上的"开学第一课"，就是采用绘制"知识树"（即思维导图）的方法，引领学生整体把握课本内容。

精心准备，及时反思"开学第一课"，已经成为我的一种习惯。做，坚持做，做扎实，做完整，在做中充实自己，提升自己，引领学生成长。

（发表于《小学数学教师》）

"比较高矮"教学设计与评析

【教学内容】

北师大版义务教育课程标准实验教科书一年级上册第16、17页。

【教学目标】

1.通过比高矮,让学生感受数学与生活的联系,培养学生仔细观察、认真思考的良好习惯。

2.使学生经历比较事物高矮的过程,初步感知两个或三个物体之间的高矮关系,体会高矮的相对性。

3.让学生经历简单的推理活动,培养学生初步的推理能力。

【课前准备】

引导学生将数学课本放在课桌的左上角,数学练习本放在课本上面,文具盒放在桌面上面。

(评析:教育的主要目的之一就是培养学生良好的学习习惯,良好习惯的培养要从点点滴滴抓起。)

【教学过程】

活动一:创设情境

师:我们要搞一个活动,需要两名同学当模特,谁想到前面来?

(两名男生快速走上讲台站好)

师:请大家仔细观察、比较,然后说出这两位同学的不同。

生:他们一个胖,一个瘦。

生:他俩穿的衣服颜色不一样。

生:他们一个高,一个矮。

......

师：比较他俩，不同点有好多，这节课我们先来研究比高矮。（板书课题）

（评析：让学生在具体的场景中感受数学与生活的联系，在仔细观察、比较中体验、认识、理解高矮，引入课题，符合学生的认知规律。）

活动二：观察、交流，体验高矮的相对性

师：老师也想当模特，我和两位同学站在一起，大家再来观察比较，和同桌说说你发现的高矮关系。

学生同桌交流。

师：我们三人站在一起，刚才大家比较的结果就发生了变化，这说明了什么呢？甲同学和乙同学比，你们说甲同学高；甲同学和老师比，你们又说甲同学矮，甲同学到底是高还是矮呢？为什么？

生：和乙同学比，他高；和老师比，他矮。

师：对，这说明了什么呢？同桌讨论一下吧。

生（讨论后认为）：比的人不一样。

师：对，比的人不一样，这说明比高矮时得有个标准。刚才以谁做标准时，甲同学就高；以谁做标准，甲同学就矮呢，同桌讨论一下。

生（讨论后认为）：以乙同学做标准，甲同学就高；以老师做标准，甲同学就矮。

师：对，比较的标准不同，结果就怎样？

生：就不同。

师：对，这说明比较时，需要先确定一下……

生：标准。

师：标准确定了，就能得出正确结果吗？你们看一下。

请一位学生回去，将另一位抱到板凳上，和老师比高矮，问学生发生了什么变化。

生：刚才他比老师矮，现在又比老师高了。

师：为什么？

生：你俩都站在地上，老师就高，他站在板凳上，就比老师高了。

师：是他的身高比老师高了吗？

生：不是，实际上还是老师高。

师：这说明比较高矮时，起点要相同。

（评析：学生在教师的引导下，通过比较、观察，不仅体会到高与矮是相对的，而且初步学会了比较的方法。）

活动三：同小组的学生比高矮

教师引导学生用语言表达：小组内谁比谁高，谁比谁矮；谁最高，谁最矮。

（评析：小学生年龄小，语言表达滞后于思维。组织学生联系生活实际，说一说高矮，既发挥了学生的想象力，又训练了学生口头语言表达能力。"比一比，说一说"等活动进一步体现了学生在学习中的主体地位。）

活动四：解释应用

师：大家观察我们周围的事物，比比它们的高矮。

学生观察并与同学交流。

学生汇报：

生：课桌高，板凳矮。

生：老师高，我矮。

生：黑板高，老师矮。

生：门比黑板高。

生：桌子（课桌）比电视高。

……

（评析：在"比一比，说一说"活动中，学生进一步建立了比较的意识，空间想象能力得到培养。学生在参与的过程中，领悟到比较的方法，学会了有条理的思考。）

活动五：想一想，比一比

出示两条彩带（左边对齐，长度不同），让学生比较长短。

再出示两条彩带（左右两端都对齐，中间用纸遮挡，其中一条是直的，另一条是弯曲的），让学生猜测长短，然后揭掉纸片，让学生验证猜测。

（评析：由具体到抽象，让学生在仔细观察中，体验到事物比长短或高矮时，必须一端对齐的比较方法，指导学生学会具体问题具体分析。随后又引出现实生活中无法达到一端对齐后再比较的特殊情况如何解决。）

活动六：组织讨论课本第19页"三只小兔比高矮"

教师出示课件。

师：三只小兔比高矮，从这幅图中你发现了什么？

生：它们没有站在同一高度上。

师：该怎样比呢？你能想到什么办法来比一比三只小兔的高矮吗？

学生讨论交流，然后反馈。

师：同学们想了好多办法，真棒！老师在这张图上画了一些格子，不知道这些格子能不能帮上你的忙。（出示第二张图）你们看，在白兔的后面有一格一格的格子，这样是一格，这样也是一格。这幅图就在课本第19页第五题。请大家打开课本第19页，同学们边看书边想一想，同组的同学说一说，你是怎么比的，谁最高，谁最矮。

学生讨论交流后反馈。

生：我用数格子的方法比，1号兔子占了7格，2号兔子占了6格，3号兔子占了5格，所以1号兔子最高，3号兔子最矮。

请两名学生说说。

（评析：师生、生生互动，分析问题，解决问题，建构知识。）

活动七：总结

这一节课，你最大的收获是什么？

在哪个活动中你遇到过困难？现在解决了吗？

（评析：本节课以学生活动为主线，层层深入，让学生在经历比较事物的高矮、长短的过程中，进一步体验一些具体的比较方法。在教学中，教师创设了各种有利于学生自主探索的学习情境，提供了学生自由选择比较方法的机会，鼓励学生在活动中养成独立思考、自主探索、不刻意模仿的思维方式。学生通过参与比较活动，逐步培养仔细观察、认真思考、学会倾听的学习习惯，并在活动中锻炼学生的语言表达能力及初步的推理能力。）

（发表于《山东教育》）

例谈数学文化助力数学教学

"九九乘法表"即"九九乘法歌诀",又称九九歌、九因歌,是我国从春秋战国时代就用在筹算中,进行十进位制乘法、除法、开方等运算的基本计算规则,到明代则改良并用在算盘上。它是我们中华民族的优秀文化瑰宝,也是小学算术的基本。

"印度乘法口诀表"不但有1到9的乘法口诀,还有11到19的乘法计算方法。例如,计算13×12,先算$13+2=15$,再算$15 \times 10=150$,然后算$3 \times 2=6$,最后算$150+6=156$。

有这样一条新闻:"印度式19×19乘法口诀,完爆九九乘法表",内容是:"你知道吗?当中国妈妈因为小朋友会背'九九乘法表'而高兴的时候,印度小孩已经在背19×19乘法表了!"我为之一动,把"印度乘法口诀表"介绍给学生会怎样?于是决定在四年级数学文化实践课上试一试。

【片段描述】

一、问题驱动

板书课题"印度乘法口诀",学生提出问题:"印度乘法口诀和我们的乘法口诀有什么区别?""印度乘法口诀是什么样子?""印度乘法口诀怎么用?""印度乘法口诀有什么好处?"在提问题的过程中,学生的思维一下子被激活,产生了强烈的认识"印度乘法口诀"的愿望。兴趣和积极性是展开学习活动的前提。

二、独立尝试，合作交流

◆· 第一次尝试 ·◆

1.（开火车）背"乘法口诀表"

我们的乘法口诀最大到9×9，用来口算一位数乘一位数，而印度乘法口诀一直算到了19×19。比如算12×13时，第一步算12+3=15，第二步算15×10=150，第三步算2×3=6，第四步算150+6=156。

2. 学生独立尝试

按照以上步骤算一算。几个反应快的学生说："这样算太麻烦了，还不如按分配律的方法口算方便呢！"

学生都有同感。我让他们再举一例试试，他们还是感觉麻烦得很。这时我出示19×19，让学生再算算看，当数较大时，学生感觉到了方法的简便。每道题按印度乘法口诀算完后，学生再用笔算检查一下，当他们发现运用印度乘法口诀和笔算的得数相同时，顿觉欣喜，兴趣油然而生。

3. 小结

印度乘法口诀步骤多，比较麻烦，不过还是挺有意思的。

◆· 第二次尝试 ·◆

"刚才我们算的都是十几乘十几的数，你们想试试几十乘几十吗？"

"我想试试二十几乘二十几的。""我想试试九十几乘九十几。"

像你们说的这些是不是也可以按以上的方法计算呢？尝试、验证一下就知道了，可以多试几个，更有说服力。

1. 自主探究

学生各自忙着尝试验证，教师也在黑板上验证。当大家的验证结果都出来后，发现第二步如果还乘10，就不行了，但是当两个因数都是二十几时，乘20就能行。太好了，经过学生的尝试、调整，他们竟然发现了新的规律。

2. 小结

印度乘法口诀真的很强大，十位上数字相同的两位数相乘时，十位上是几，第二步乘几十就行。

·◆· 第三次尝试 ◆·

"二十几乘二十几的，九十几乘九十几的都试过了，你们还想尝试什么样的？"

"如果十位上的数字不相同还行吗？""超过100的会怎么样？"

继续尝试，一起计算计算22×32。两个因数十位上的数字不同时，到底乘20还是30呢，于是把学生分成2组尝试，结果都不行。这时，宋辰瑞说行，大家一下子都跑到宋辰瑞那里一探究竟，发现他的计算过程出错了，大家哄然大笑起来，这一小插曲，让学生对自己的探究成果认识更深刻了。

"超过100的会怎么样？请大家课外继续探究。"

📖 教后反思

1. 基于问题，打开思维的大门

基于问题的教学已经成为小学数学教学改革的关注点，学生围绕课题，利用已有的认知水平和经验提出问题，进行猜测，思维被激活，学习的兴趣高，在行为上、智力上、情感上都会积极投入学习活动，问题意识和创新意识得到培养。

2. 三次尝试，思考走向深入

"十几乘十几""九十几乘九十几""二十几乘三十几"，不同层次的三次尝试、验证，学生由开始的按部就班模仿型练习，到扩大范围开拓型练习，再到突破定式创新型练习，一次次成功促使着学生思维不断深入，学习的探究性、思维的深刻性充分展现，学习过程变成了快乐之旅。

3. 不同的数学文化在碰撞中升华

"乘法口诀表"我们的学生都很喜欢，也很熟悉，"印度式乘法口诀"他们确实没听说过，更没用过。课堂上，学生由开始的不接受，到后面的不断探究，不但认识了"印度乘法口诀"，还对它进行了开拓和延伸。有人说，我们的学生对数学的认识还停留在写写算算上，其实，这不能怪学生，如果教师能够不断发现、挖掘并且利用数学文化素材激发学生的学习兴趣，调动学生学习的积极性，鼓励创造性思维，学生的数学学习还会枯燥、索然无味吗？

（发表于《山东教育》）

体积与容积教学设计

【教学内容】

北师大版五年级下册。

【教学目标】

1. 通过具体的实验活动，了解体积和容积的实际意义，初步理解体积和容积的概念。

2. 在操作、交流中，感受物体体积的大小，发展空间观念。

3. 增强合作精神和数学思想，培养正确的人生观。

【教学过程】

（一）创设问题情境

1. 出示乌鸦喝水图片

师：同学们听过乌鸦喝水的故事吗？乌鸦用什么办法喝到了水？知道吗，这个故事里面还有我们要学习的数学知识呢！

2. 演示乌鸦喝水

师：现在谁来做聪明的乌鸦？演示一下。

学生演示：将小石块轻轻放进装有水的杯中，其他学生观察，说出发现。

师：水面为什么上升了？

生：石块占了杯中的空，把水挤上来了。

（二）感知体积

（1）师：石块是要占空间的，杯子占不占空间？你能再说出一些占空间的物体吗？

（2）出示大小相仿的一个土豆和一个红薯。

师：土豆和红薯占不占空间？谁占的空间大呢？

（3）学生小组讨论分辨土豆和红薯大小的方法。

（4）小组汇报方法。

师：同学们得出了好几种分辨土豆和红薯大小的方法，哪一种操作起来简便些？

（5）教师利用操作简便的方法演示实验。

师：认真观察老师的演示后，回答问题。

（6）出示问题，学生回答。

① 水面发生了什么变化？

② 水面为什么会升高？

③ 水面为什么升高的不同？

④ 现在可以判断谁占的空间大了吗？说明理由。

（7）小结。

师：石块、土豆和红薯，还有刚才同学们说到的一些物体，它们都是占有一定空间的，在数学上把物体所占空间的大小叫作物体的体积。

教师板书体积的定义，学生记在本子上。

（8）练习（略）。

（三）感知容积

（1）出示两个大小不同的盒子。

师：同学们看这两个盒子，谁的体积大？谁装的东西多呢？

学生凭外观看，判断大盒子装东西多。

师：老师打开盒子再看一下。（一个盒子里是空的，一个盒子下面垫着厚厚的衬底）

师：盒子里的空有大有小，只看体积大小来判断装东西多少还不行。

（2）出示大小相仿的两个杯子。

师：同学们看这两个杯子哪个装水多？

学生意见不一。

师：有什么办法能分辨出哪个杯子装的水多？

（3）学生分组讨论，然后汇报。

师：同学们的方法都能解决哪个杯子装水多的问题，哪种操作起来简便呢？

找方法简便的小组派代表演示。

（4）小结。

师：像盒子、箱子、杯子等能容纳物体的器具叫作容器。容器所能容纳物体的体积叫作容器的容积。

师板书容积定义，学生做笔记。

（5）让学生说说生活中的容器，谁的容积大。

（6）想一想：小明和小红各有一瓶同样多的饮料，小明倒了3杯，而小红倒了2杯。你认为有可能吗？为什么？

（7）区别容积与体积。

出示体积相同的一个盒子和一个长方体。

师：观察一下，这两个物体有没有相同的地方，有没有不同的地方？

师：盒子是容器，能容纳物体，现在谁能把这个长方体装进盒子里？

学生尝试。

师：为什么装不进去？

盒子和长方体的体积相同，组成盒子的材料是有一定厚度的，占了一些空间，体积相同的长方体就装不进去了。

（8）选择填空。

① 盛满一杯牛奶，（   ）的体积就是（   ）的容积。

A.杯子　　　　　B.牛奶

② 装满沙子的沙坑，（   ）的体积就（   ）的容积。

A.沙子　　　　　B.沙坑

③ 求一个长方体木块所占空间的大小，是求长方体的（   ）。

A.表面积　　　　B.体积　　　　　C.容积

（四）总结

师：有句话说得好，比陆地大的是海洋，比海洋大的是天空，比天空大的是什么？是人的心胸。同学们在日常相处时要有宽容心，要有容人之量，才能与同学和睦相处、共同进步，可以像他一样笑口常开。（出示大肚弥勒佛图片及对联：开口便笑，笑古笑今，凡事付之一笑；大肚能容，容天容地，于人何所不容）

师：凭你学习数学的经验，想一想后面我们要学习关于体积、容积的什么知识？

（发表于《新课程学习：上》）

例谈数学思想方法在一年级数学课中的渗透

教学实践表明，加强数学思想的教学是基础数学教育现代化的关键，特别是对能力培养这一问题的探讨与摸索，以及社会对数学价值的要求，使我们更进一步地认识到数学思想的重要性，因此，小学数学的教学过程中，数学思想的渗透是至关重要的。现行各个版本实验教材内容的编排，都非常重视体现数学思想方法，这就要求每一名数学教师，不但要能掌握常见的数学思想方法，更应该挖掘并合理体现教材中蕴含的思想方法，培养学生应用数学的能力。

【片段描述】

今年又教一年级，在新授内容完成后，我做的第一件事就是引导学生做"知识树"。"知识树"是我一直探索、实践的一种帮助学生梳理、串联全册知识点的形式。尝试引领一年级学生来梳理全册的知识点，完成一棵"知识树"，是个大胆的尝试，学生的书写能力、抽象思维、概括能力都比较弱，因此知识树以图画为主。整整一节课，从树根（一年级数学下册）开始，向上生发出四根树干（数与计算、空间与图形、统计、实践活动），然后每根树干上结出若干个果实（每个单元的目录），最后是每个单元中的知识点，一步步、一层层，最后一棵硕果累累的"知识树"出现在学生眼前。"啊！好多果子！""好漂亮的一棵树！"学生由衷地感叹道。数学的学科特点之一就是培养学生的有序思维能力，每学期新课结束后，学生应该能够制作思维导图，"知识树"结合学生年龄特点，以有趣、生动的形式，起到了帮助学生梳理知识，培养思维能力的作用。教师有"数学思想"意识，就会挖掘教材中蕴含数学思想的素材，渗透在教学实践中，使学生获得数学知识的同时，获得数学思想的熏陶。

【案例分析】

在教学实践中，我越来越深切地感受到：做教师，就要做一位为学生终身发展着想的教师，在使学生掌握基本知识、基本技能的同时，一定要关注学生在数学基本思想和基本活动经验方面的收获与发展。

"分类"是一种非常重要的数学思想。教过几次一年级，总觉得分类是比较简单的一项内容，学生很喜欢，分类的标准各不相同，方法也多种多样，很好地体现了思维的多样性。今年又教分类，感觉却很新鲜，为什么呢？我反思了一下，尽管年年岁岁生不同，但新鲜的原因不在学生，而在我。教学分类时，我重点引导学生区别分类标准和分类方法的不同。学生的分类方法有：连线、圈圈、用数字、用图形符号、用拼音字母、用汉字等等，当各种方法展现在黑板上时，学生通过观察，在这些方法中我出哪些方法能够比较清晰地看出分了几类，哪些方法用起来比较简便，通过观察比较，学生在思维碰撞的过程中发现有的方法，比如连线、圈圈比较乱，而且不容易看出分了几类，谁和谁是同一类，而用数字、符号来表示就清晰明了多了，用汉字表示时书写起来比较麻烦，等等。其实，连线、圈圈是学生最常用的方法，因此，我没有就此放弃，而是引导学生深入思考，比如用不同颜色的线或者用不同形状的线来连，既省力又清晰，当然前提是有不同颜色的笔。整个过程，学生不单单是在学分类，而是在分类中学会思考、学会优化，更重要的是给学生渗透了符号思想，为以后的数学学习及解决现实问题做好铺垫（如图例问题）。

数学是一门独具魅力的学科，符号化思想在小学数学内容中随处可见，教师要有意识地渗透。另外，对应思想、统计思想、函数思想、比较思想等在一年级教材中都有体现，需要教师心中有"思想"，把握教材编写意图，将数学思想渗透在平时的教学中，做一名有思想的教师。

（发表于《学生之友》）

课堂教学中创设现实情境的实践及感悟

实施新课程四年来，作为一线教师，在使用新教材的过程中，发现自己已经由开始的激动、迷惑慢慢平静下来，慢慢理智起来，不断地成长起来。下面就数学课中创设现实情境的实践谈些许感悟。

一、现实情境能激发学生的学习兴趣

一提数学这个词，大家都觉得只是"题"，学生学数学只要做题就行了。而在使用新教材的过程中，我逐步体会到，数学本身不只是"数字符号"，它有更丰富的内涵，它与人的生活息息相关。教学实践中发现学生往往对来自现实生活的，发生在身边的问题极有兴趣。

例如，万以内数的大小比较是在学生已经掌握了百以内数的大小比较方法的基础上进行教学的。教材呈现的教学情境是两只小鸟分别叼着一个数字，只有两组数字进行比较，虽然富有童趣，但比较单调，不能引起学生的兴趣。我联想到本校学生人数，一个班是两位数，一个年级是三位数，全校总人数是四位数的实际情况，将教学情境创设为利用三个基本人数，引导学生估计得出的一连串数字进行比较，能使学生在比较两数大小的同时，真真切切体验到他们所学的数学知识就在他们的生活中，就在他们身边，从而产生很强的学习欲望，积极主动地投入学习活动之中。在多个数比较大小时，同样选用本校各年级总人数作为教学资源，将枯燥无味的数字大小比较，以比较本校各年级总人数呈现，在数字比较过程中，学生体验到身为学校小主人的快乐，增强了对学校的热爱之情。这样的问题情境，既现实又真实，在过程中很好地完成了教学目标，同时调动了学生学习积极性，使学生在不断地成功体验中掌握知识，获得情感体验。

再如确定位置一课，知识目标是使学生学会用"数对"表示确定的位置，我联系班上开家长会，家长要坐在自己孩子位子上一事，激发学生的学习兴趣。首先让学生说说怎样和家长说明自己在班里的位置，学生都感觉说起来比较麻烦，进而激起了研究一种既简单又方便明了的表示方法的愿望，为得出"数对"表示法创设了很好的问题情境。

二、现实情境能促使学生进行主动学习

如"统计"一课。上课伊始，我播放了北京天安门城楼前车流录像，让学生数数一分钟有多少辆汽车经过天安门。学生大都很喜欢北京天安门，数一分钟经过天安门的车辆数时精力非常集中，但数了几遍都没得出准确数字，这时我提出问题：怎么办？有没有好办法？学生的思维一下子活跃起来，有的说可以慢放，有的反驳说，现实中的车能让它慢行吗？应该分工合作，进行统计。在思维碰撞中，学生感受到分工合作的必要性，从而主动进行统计。

又如"数豆子"一课，我利用学生身边的事物进行，如讲桌上学生刚交的作业，让学生估计数量，并说说他们的根据。学生对所交作业数量很感兴趣，因此参与的积极性很高，有的学生根据本班学生数进行估计，有的学生根据厚度估计，他们估计的结果相差很大，但在估计过程中，充分展现了学生不同的思维方式。学生最乐于解决发生在自己身边的问题，在贴近他们生活的问题情境中，他们的积极性才会高涨，思维才会活跃，才能够积极地投入学习之中。

三、现实情境能启发学生积极思维

一节两位数乘两位数的计算课使我不能忘怀。学生对计算课本来就不感兴趣，通过创设现实的问题情境来激发学生的学习兴趣，显得尤为重要，但课前我挖空心思也没能找到合适的现实资源。当我走上讲台，突然来了灵感，复习上节课的乘法口算，给学生听算12道题，为了吊学生胃口，规定一题15分，计算全对的学生可得多少分，计算总分是多少，老师不用再说什么，学生都愿意去做，一下子，教室里悄然无声，学生全部投入到12乘15的计算中去，得出结果的学生按捺不住自己的激动情绪，在黑板上写出自己的计算方法。他们利用旧知迁移，有的用12个15相加；有的用15个12相加；有的用6个15连加得90，再乘2；有的用10乘15的积加2乘15的积；有的用10乘12的积加5乘12的积；有的用竖式笔算；等等。看着学生写在黑板上的计算方法，感受着学生创造出的争先恐后的气氛，我真的感慨于我们的新课改，感谢新课改，是新课改

的理念给数学课堂，给我们的学生创造了激发思维、发挥潜能、尽情挥洒聪明才智的机会；是新课改赋予了教师和学生相互促进、共同发展、共享快乐的课堂。这就是现实情境在数学课堂教学中的魅力。

四、创设情境既要现实又要真实

创设问题情境，既要现实又要真实。情境创设好了，学生学习积极主动，思维活跃，身心愉悦；利用不好就会适得其反。记得在参加本市数学教学能手评选时，市教研员当众问过一位参评老师："你创设的情境是真实的吗？"可见，创设真实的现实情境是很受关注的。前些日子，有幸在《山东教育》上读到了韩峰老师的文章《面对谎言我好尴尬》，字里行间流露出因为创设了虚假的教学情境，给学生的心灵造成了负影响而深深的自责。可以说，韩峰老师是在忍痛揭自己的伤疤，他这种敢于反思，披露自己心灵的做法并不是每位教师都有勇气做的，反思我们的课堂，又何尝没有这种遗憾！

曾听过一位老师的课，他是这样创设情境的："下周我们班要组织春游，大客车限乘18人，每辆120元；小客车限乘12人，每辆160元，同学们，我们班共54名同学，你准备怎样租车？怎样租车最省钱？"学生一听说要春游，情绪马上被调动起来，设计出了多种方案，并在交流中得出最佳方案。按理说，这个情境的创设很好地体现了合作学习、探索交流、解决问题策略多样、充分调动学生主动学习积极性等先进的教学理念，如果没有下课前的这句话，本课应该是一节非常成功的课，但一位学生在课堂总结时问老师："老师，我们真的去春游吗？"老师一愣，但很快就反应过来，说："我还没和领导商量，等商量好后就去。"全班学生"啊"声一片，情绪一落千丈。

教学混合运算时，我选用了本班学生作为现实资源，力求学生能根据座位排列的特点来计算全班总人数。结果花了大半节课的时间，费了九牛二虎之力，才有学生列出了8乘7加5混合运算式子，课堂效率极低，令我感触极深。可见，努力创设可以提高学生兴趣、激发学生思维、促使学生主动学习的现实情境是我们的追求，但不是所有教学内容都能找到恰当的既现实又真实的问题情境，我们不能为创设而创设，还要多发现、多挖掘、有选择地应用，使情境创设更好地为教学服务。

五、创设现实情境要切合学生实际

《数学课程标准》（实验稿）指出，学生的数学学习内容应当是现实的、有意义的。学生往往对来自现实生活的，发生在身边的问题极有兴趣，容易投入精力和热情进行主动学习。现行的实验教材内容充满了生活气息和童话色彩，但"教材提供给教师的是一条教学的基本线索"，我们还要把握好课标要求，明确教学目标与任务，根据本地实际、学生实际，从学生身边、从与学生息息相关的生活中获取教学资源。我在课堂教学中，总是有意识的，积极地寻找现实素材，组织教学内容，在实践实验教材的过程中，更加深刻地体会到教材只是我们组织教学内容的一个蓝本，我们不能唯教材是尊，如教学10以内数的认识时，教材呈现的情境图有动物乐园的，有海底世界的，等等，这样的情境对某些地方的学生来说非常熟悉，但它具有很强的区域性，让学生靠想象中的画面来学习，还不如从学生的实际生活中寻找素材，更容易激起学生的兴趣，使学生享受成功的快乐，感受数学与生活的密切联系，提高学习效果。

（发表于《中国基础教育研究》）

也谈名师之"名"

名师何以谓之"名"也！作为一线教师总会谈论起这个话题，也总想揭开谜底后赴趋之。从高山仰止的吴正宪、华应龙、钱守旺、潘晓明老师，到景行行止的徐斌、贲友林、刘松、张齐华等"大家"，经常看他们的课例，读他们的文章，获得很大启发。从一位位名师成长历程、职业精神、名师品质，可以清晰看出名师之"名"，必经过认识自我、战胜自我、实现自我三个阶段。

一、认识自我、发现自我是成为名师的基础

"天生我材必有用"。每一件事物的存在，必有它的价值，只是放的位置有对有错，只是面对角色的定位千差万别。教师这个职业，不同于其他任何一个职业，习惯和医生比较，要知道庸医顶多害几个人，可一个不合格的教师，会影响几十上百人，会影响几十上百个家庭，会影响一个时代的发展。认识到自己所担负的责任，就该有使命感、归属感。正如苏霍姆林斯基说，最大的胜利就是征服自己的胜利。要想征服自己，首先得认识自己。作为一个教师，只有看清了自己、认识了自己才能准确地把握自我定位，才能认清自己的职业价值，理解自己所从事的工作的意义，想办法悦纳自己，这是教师在繁重工作中保持心理健康的良药。

许卫兵老师一心想当语文教师，却意外地成了数学教师。许老师没有拿各种借口推脱，也没有当一天和尚撞一天钟，而是认为遇上就是"缘"，守望就是"歌"，走上讲台忘记了"学科不对口"的痛，专心于数学教学。吃住都在学校的他，几乎把所有的业余时间都用在钻研教材、备课磨课上，借阅老教师的备课笔记，翻看班上学生的作业，从模仿起步，给自己加压，守望着数学，且歌且行。赵震老师从"梯形的面积"一课中，发现了自己教学观念的不足，由注重教师的教转变为注重学生的学，由"重结果轻过程"转变为"注重知识的形成过程"。"人非生而知之焉。"教学也一样，没有人天生就是教育

家。好的教学来源于教师的自身认同和自身完整，因此教师需要认识自己、发现自己，通过自身认同和自身完整来完成自我成长。认识自我、发现自我，就能给自己"定位""导航"，抬头如见北斗星，黑夜里也能有方向。认识自我、发现自我是成为名师的基础，再细化具体可行的若干阶段。以行动研究为基本方法，从小课题做起，逢山开路，遇水搭桥，前方道路就可以无限伸展。

二、战胜自我、完善自我是成为名师的关键

"宝剑锋从磨砺出。"在《十年一剑》中读出了刘松老师这柄利剑的磨砺过程，从刘松老师用红薯和红薯干换书的故事可以看出，是"书"这块磨刀石让刘老师锋芒四射。钱守旺老师说："教师要善于向书本学习，善于向实践学习，善于向走在前头的人学习，从多方面充实自己、完善自己。"刘松老师经过倒数第一名的"滑铁卢"并没有一蹶不振，而是敢于战胜自我，奋发读书，磨砺自我，功夫不负有心人，"名师"桂冠终囊括手中。有些教师，优质课比赛不敢参加，教学论文不敢写，各种带有竞争性的活动都不敢参与，还美其名曰"平平淡淡才是真"。究其原因就是他们惧怕失败。因为惧怕失败，所以在做一件事之前总是瞻前顾后，止步不前。为了逃避失败，他们想了一个万全之策：不做事，不参加任何带有竞争性的比赛，不会成功，但也少了失败的机会。惧怕失败的心理重负钳制了他们本该自由飞翔的双翼。他们就在既没有成功也没有失败的生活中安于现状、不思进取，走完庸庸碌碌的教学生涯。

郑桂元老师在追问中磨砺自我，为了在课堂上能达到人机互动，一个彻头彻尾的"电脑盲"开始学习《director入门》教程。每天都是凌晨2点左右才回去休息，一个星期后制作出了第一个课件"时、分的认识"。这个课件荣获市一等奖、省二等奖，微机老师诧异地说："一个'电脑盲'竟然能在一个星期中做出这么好的课件，真不可思议！"郑老师的成长告诉我们：无论身处怎样的困境，只要希望还伴随着自己，只要自己心中还有一缕亮光，你的世界就不会阴冷下去，你依然能够坦然面对现实，依然能够诗意地栖居绿洲。外在的力量往往打不垮自己，打垮自己的往往是自己。

三、实现自我、超越自我是名师发展的永恒追求

"不畏浮云遮望眼。"有的所谓名师如昙花一现，如流星一闪，一节课成名而后销声匿迹，那是因为实现了自我，却没有超越自我，被浮动的流云遮

住了更高的天空。宁静致远的贲友林老师恰恰相反，全国赛课之后，身边喧嚣起来，好似"十年讲台无人问，一课成名天下知"。迷惘中，贲老师没有迷失自我，而是清醒地认识到：全国赛课一等奖犹如泰山日出，那只是给曾经上过的一节数学课套上美丽的光环。他对自己说："今后，我还得在课堂中继续下真功夫、硬功夫。我不可能让自己的每一节课都达到全国一等奖的水准，但我要用赛课的标准要求自己。"2002年新学期，贲老师坚持每天上完课后写课堂教学手记，用文字记录课堂，把易逝的课堂锁定为长存的文字，让瞬间变成永恒，继而品味、咀嚼自己的课堂教学。每天无论繁忙和悠闲、疲惫与轻松，贲老师都完成这项作业。2007年完成了个人专著《此岸与彼岸——我的数学教学手记》，给实现自我后的超越自我一个明证。

大部分教师有课前的精心思考，却少了课后的反思，一节课后就是结束，而忘记了一节课的终点就是下一节课的起点，所以，不能像名师一样实现自我、超越自我。其实每个人都有超越自我的经验，在幼儿期，没有人逼你学走路，却试着自己站立，不断跌倒，不断站起，不断试步，终于从爬的阶段进入走的阶段。然后对走也不满足，又要学习跑。问题是为什么能跑、能跳、能写之后，那原先所具有的不断超越自己的动力竟渐渐消失了呢？因为这是上天设计的，让人有了谋生的能力后，就少了那继续超越的想法。也就这样，很多教师就把教育当成谋生手段。只有少数教师把教育当成自己的事业，不断超越，超越看着有限的自我。于是，在这种不信自己办不到的努力下，将自己提升了，且随着自己的不断提升、不断超越，为教育事业创造出更辉煌的成就。正如徐斌老师所说："人生的坐标自己描画。一切幸运，都在我们自己的把握中。"

子曰："君子病无能焉，不病人之不己知也。"期望成为名师的人，必要明白先修炼自己的"能"，而不是"名"。名师者，是被学生喜欢、被同事接受的教师，不是被媒体扬名的教师。只有经过认识自我的"昨夜西风凋碧树，独上高楼，望尽天涯路"，战胜自我的"衣带渐宽终不悔，为伊消得人憔悴"，才会有实现自我的"蓦然回首，那人却在灯火阑珊处"。

（发表于《吉林教育》）

"找几个有意思的次数慢慢来品"

——"品"华应龙"找次品"一课

"找几个有意思的次数慢慢来品"这句话是华应龙老师在"千课万人"活动执教"找次品"时说的一句话，这句话可以说是"找次品"一课的思想精髓，是执教者的课堂设计主线，更是富有深刻内涵的一句话。华老师的"找次品"，我是第二次聆听，第一次是在2014年山东国培高研班上。结合两次听课，很想来"品一品"华老师的"找次品"。

一、品"几个次数"

"找次品"一课，有的教师选择"3个、5个、8个、9个"来研究；有的教师直接选择"8个"，放开了让学生探究；有的教师开课就提出"243个乒乓球中有1个是次品"的问题，让学生猜测，然后3个、5个、9个、27个的研究，化繁为简，缩小研究范围，运用推理得出至少需要5次就可找到，让学生感受数学思考的魅力。华老师为什么选择"2个、3个、4个、8个、9个"这几个次数呢？用华老师的话说："治大国如烹小鲜，抓住简单的，好好回味、咀嚼，品悟出其中的奥妙，这样更有利于'并不玲珑'的学生接受，放低'找次品'这一高思维含量课题的身价，使'找次品'不再是'数学精英'的游戏，而是飞进寻常百姓家的小燕子。"这是多么具有人文情怀的话语。华老师在设计课时，关注的是全体学生，着眼于"不同的人在数学上获得不同的发展"，是基于学生的发展的思考，这也正是一位卓越教师的大众情怀。

二、品"从一分为二到一分为三"

《道德经》中说："道生一，一生二，二生三，三生万物。"2个中找1个次品，建立了"一分为二"的基础模型，而3个中找1个次品，建立的是"一分为三"的基础模型；4个中找1个次品，继续"一分为二"，到8个中找1个次品，学生在思维定式的作用下，基本上是"一分为二"的思维方式，再到9个中找1个，不是正好可以平均分2份的情况下，学生的思维被打开，出现了"一分为三"的思维方式，抓住9个中找1个，至少用2次就能找到结果，回头看看8的3次，突破思维定式，感悟"一分为三"的智慧。

"找次品"中，华老师上出了"一分为三"的哲学智慧。过去的哲学，只强调"一元"和"二元"，不注重"三元"，然而老子"三"的观念，表面看来平淡无奇，认真追究起来，却常常会使人感到神秘莫测，具有一种忽隐忽现、似有似无，好似幽灵般的特性。难怪听过课后，和其他听课教师交流时，有的教师说这节课感觉挺好，就是有些看不懂。

读了华老师推荐的田茂老师著的《似与不似——"三"的哲学智慧》一书，对"'上、中、下''好、中、差''昨天、今天、明天''天、地、人''软、硬、微软'"这些"一、二、三"的特殊分类有了更深刻的认识。吴正宪老师、华应龙老师都推荐数学教师要读点哲学方面的书，开始不懂数学与哲学有什么关系，通过聆听这些大师的课，真切感受到他们课堂上的哲学韵味，受益匪浅。中国文化源远流长，古代哲学家的思想至今影响和指引着我们，如果一名数学教师拥有了深厚的文化底蕴，那么他的课堂一定是"高、大、上"的，他的学生是最幸福的。

（发表于《山东教育报》）

走下讲台的"背后"

　　曾经有人提倡"教师要走下讲台"。因此，在许多学校的优质课、观摩课上，站在讲台上的教师都走到了学生中间，更有甚者，某些学校直接拆除了讲台，美其名曰"师生平等，教师关注全体学生"。难道原来隔膜师生关系、阻碍教师关注学生的是讲台吗？

　　在刚刚结束的一次优质课评选活动中，有一幕深深地触动了我。一位教师一节课始终在学生中间，拿着话筒不时地送到学生嘴边，师生关系是那么融洽，教师是那么为学生服务。可是，他没有发现，在他的背后，坐在最前面、最边上的一位学生，每一个问题这个学生都举起小手，每一次他的小手都让老师的后背遮挡了。这个学生一直高举着小手，这只小手在同桌无奈地将手放下时，还在坚持举着，孩子脸上的表情告诉我，他在坚持，在等老师发现他举着的手，给他发言的机会。然而，让他失望的是，老师走到了同学们中间，老师一直背对着他，老师的后脑没有眼睛，没有发现他。

　　教育口口声声喊着关注学生，面向全体，什么是真正的关注学生？什么是真正的面向全体？什么又是为了每个学生的发展？一个眼神，一个微笑，一句赞扬的话，成就一个学生，改变一个学生价值观、人生观的事例不胜枚举；无意间的一句话抑或是一种遗忘，同样会使学生幼小的心灵受到严重打击。如同这位老师的课上得再精彩，对这个被遗落的学生来说，都是毫无意义的。

　　的确，讲台高出地面几十厘米，教师站在上面上课时，俯视下面的学生，给人一种威严、高高在上的感觉。师是师，生是生，总有那么一种距离感，让学生望而生畏。现在教育观念更新了，教师走下讲台，来到了学生中间。这就出现了一个"背后"的问题，老师毕竟是个凡人，不能用耳朵听出后面有手举起，讲台上环顾左右的优势荡然无存了。再者，空间距离没有了，而心理距离真的就近了吗？不要只追求形式上的东西，做教育还应心里装着学生，为学生着想，不是说在嘴上、走在形式上，而是表现在课堂的实际中。

　　距离产生美。高高在上的讲台，的确给学生威严之感，但是威严不一定就是没有情感。一次与家人看《射雕英雄传》，谈到黄药师与其徒弟的情感，陆乘风几人无辜受到牵连，被打断了腿，可是没有一个徒弟恨他，并且敬爱之情有增无减。想想现在，学生权益不断提升，体罚学生自然没有，就连批评也是慎之又慎，每所学校都把学生当作香饽饽，学生对老师的感情该很深厚了吧！其实并不如此，违反纪律、辱骂老师者不为罕见，那黄药师为师之道，是否该琢磨一二？师生关系的远近，与讲台的存在与否关系不大，还是要在教师身上想办法。提高教师的素养，产生文化上的距离是必修之道，教师应该博学，应该上通天文，下晓地理，学富五车，满腹经纶。教师不仅是知识的传播者，还是智慧的化身，从嘴里流淌出来的是思想、机敏和幽默，能让人豁然开朗，让人柳暗花明，让人峰回路转，让人如沐春风，那么，教师就像一块宝石，永远散发着人格、学识和智慧的魅力。俗话说，"亲其师，信其道"，不是简单的表面上的亲密无间，"亲"是敬仰，是崇拜，不是"亲人"。

　　走下讲台是必需的，"背后"的存在也是必然的，教师总有关注不到的地方，但可以发挥学生的自主性，让学生在课堂上动起来。为什么发言就必须举手？为什么发言就必须教师批准？百花齐放、百家争鸣不是更好吗？教师是既琢磨人又琢磨事的工作，如果备课只备教材，而置学生认知水平不顾，上出来的课只是一个人的表演。我们教学的对象是学生，学生是学习主体，学生的重要地位不言而喻，所以教师要读懂学生，读懂教材，读懂课堂，也只有这样，你的目标的确定、内容的选择、方法的设计才会真正有的放矢。

　　走下讲台很简单，下去就可以，走进学生却不简单；"背后"问题好解决，转身就可以，关注每一个学生却不容易。关注每位学生吧！不要在我们的课堂上让学生失望，做学生的贵人，学生也会成为你的贵人，成就学生，也就成就了自己。

（发表于《少年儿童研究》）

人体的奥秘

——“比的认识”教学实录及评析

（省教材培训会观摩课）

【教学内容】

义务教育课程标准实验教科书六年级上册第三单元第一课时。

【教学目标】

1. 结合解决问题，理解比的意义，会正确读写比。

2. 记住比各部分的名称，会正确求比值。

3. 经历比的意义、比与除法分数关系的探索过程，提高比较、类推、概括能力。

4. 介绍比号的来历，丰富数学史知识。

【教学过程】

（一）创设问题情境，激发学习兴趣

师：请齐读课题。

生：人体的奥秘。

师：看到这个课题，你想今天我们要上一节什么课？

生：关于人体结构的课。

生：研究人体奥秘的课。

师：这节课我们就用数学的方法来探究人体外部结构中的奥秘。有兴趣吗？

生：有兴趣！

（评析：充分利用课本提供的生活化课题，激发学生的探究欲望。）

师：这位人体模特名叫赵凡，是一位成年男子，看他的身材，你有什么感觉？

生：很高大。

生：很健壮。

生：很匀称。

师：他的身材这么好看，奥妙在哪呢？下面我们就一起来探究一下。

（评析：一个人的身材之所以匀称、好看，是因为他的身体各部分长度间有一定的关系，探究这种关系，成为学生十分迫切的愿望。）

师：观察人体图，你能获得哪些方面的信息？根据这些信息你又能提出什么问题？

生：头长22.5厘米，臂长72厘米，腿长96厘米，身高180厘米。

生：腿长比臂长多多少厘米？

师：除了比多少的问题，你能提出其他类型的问题吗？

生：腿长是臂长的几倍。

生：头长是身高的几分之几。

生：腿长是身高的几分之几。

生：头长是腿长的几分之几。

师：像这种类型的问题，我们可以提很多，都是问谁是谁的几分之几或几倍的问题，也是这节课我们要研究的问题。下面我们就以臂长与腿长的关系为例继续探究。

（板书问题：臂长是腿长的几分之几？腿长是臂长的几倍？）

师：这两个问题用以前学过的方法怎么解决？

生：$72 \div 96$，$96 \div 72$。

师：一个数是另一个数的几分之几或几倍，除了用除法算式表示外，数学上还有一种表示方法，它叫作"比"。下面我们就一起来认识"比"。

（板书课题：比的认识。）

（二）提供感知素材，理解比的意义

1. 同类量的比

（1）师：72除以96，就是臂长除以腿长，我们也可以说成臂长与腿长的比是72比96。（板书：72比96）

96除以72，就是腿长除以臂长，也可以说成……

生：腿长与臂长的比是96比72。（板书：96比72）

师：你还能用比表示哪两个长度之间的这种关系？

生：头长与身高的比是22.5比180；身高与头长的比是180比22.5。

（板书：22.5比180，180比22.5）

生：腿长与头长的比是96比22.5，腿长与身高的比是96比180。

……

师：看来同学们已经会用比表示两个长度之间的关系了。你会不会用比表示班上男女生人数呢？

生：男生与女生人数的比是17比15，女生与男生人数的比是15比17。

（评析：教师通过具体的素材，使学生充分理解、感知两个相同类量间的关系可以用比表示，初步认识比的意义。）

（2）师：数学的特点就是符号化，你能用一个符号来表示"比"吗？请把你创造的符号用彩笔写在卡片上。

（教师展示学生创造的符号，让其说说自己的想法）

生：比就是除法，所以我想用除号表示。

师：你说出了比的本质，很有想法。

生：比表示的是一个数是另一个数的几分之几或几倍，可以用分数表示，所以我想用斜线表示比。

师：你会用数学的思维方式来解决问题，很了不起。

生：我觉得可以用冒号来连接两个相比的数。

师：借用了语文中的冒号，办法不错。

生：老师，我觉得用除号就和除法混了，不如把除号中间的小短横去掉，用两个点表示。

师：（激动地握住这位同学的手）你太伟大了。知道吗？数学家也是这么想的。请看小资料。（比号的来历：17世纪，数学家莱布尼兹认为，两个量的比包含有除的意思，但又不能占用÷，于是他把除号中的小短线去掉，用：表示）

师：我们就用比号来代替"比"。

教师将板书中的"比"改成"："。

（评析：让学生经历数学符号的产生过程，只要教师给学生提供创造的空间与时间，学生就会还教师以精彩。创造符号环节，充分展现了学生良好的数学思维习惯及创造性，使学生享受到成功的快乐。）

2. 不同类量的比

师：以上我们用比表示了两个同类量之间的关系。在日常生活中，还有很多不同类的量，它们的关系是不是也能用比表示呢？

出示信息：赵凡3分钟走了330米。

师：利用以上信息可以解决什么数学问题？

生：赵凡一分钟走多少米？

［板书：330÷3=110（米）］

师：我们运用了什么关系式？

生：路程除以时间等于速度。

师：路程除以时间，我们也可以说成路程与时间的比是330比3。（板书：330∶3）

3. 练习

（1）人体血液中，红细胞的平均寿命是120天，血小板的寿命只有10天。写出红细胞与血小板的寿命比。

（2）一架客机3小时飞行2400千米，写出这架客机飞行路程与时间的比。

4. 总结比的意义

师：以上我们认识了比。你能用自己的话说说什么是比吗？先和同桌交流一下。

生：比就是除法。

生：比就是表示一个数是另一个数的几分之几或几倍的关系。

师：同学们的理解很到位。简单地说两个数相除就叫作两个数的比，我把这句话写下来。

（板书：两个数相除又叫作两个数的比。）

（评析：在充分感知的前提下，学生对比的意义有了准确的理解。）

（三）求比值，揭示人体外部结构中的奥秘

1. 自学

比的前项、后项和比值。

2. 计算比值

口算：330∶3的比值。

笔算：72∶96和22.5∶180的比值。

师：臂长与腿长的比值是3/4，头长与身高的比值是1/8，这就是赵凡身材让人感觉匀称、好看的奥秘。如果人体从肚脐往下的长度与身高的比值是0.618，就是黄金比，这样的身材是最美的。

（评析：此环节既学习了比值的计算方法，又与前面相呼应，使学生感受到探索的意义与价值所在，找到了人体匀称的奥秘，享受探索的快乐。）

看来比值既可以用整数，也可以用分数和小数表示，但分数比较容易看出两个数量的关系，因此通常情况下比值用分数表示。

在特定的数量关系式中，比值还有一定的意义，如速度就是路程与时间的比值。

3. 讨论

（1）出示讨论内容：比、分数和除法之间有什么关系？比的后项可以是0吗？

（2）同桌讨论。

（3）出示比与除法、分数的关系表，全班交流。

比与除法、分数的关系表

名称	联系			区别
除法				
分数				
比	前项		后项	比值

（四）找生活中的比

师：日常生活中，你在哪见过比？

生：一些比分。

师：能举几个例子吗？

生：107：70，奥运会上美国梦八队与中国男篮的比分。

生：2：0，中国女子沙滩排球与瑞士队的比分。

生：4：1，曲棍球比分。

师：看得出同学们非常关注奥运赛事，这些比分是不是我们今天研究的比呢？

生：不是，我们研究的比是两个数相除的关系，比分不是相除的关系。

师：比分里明明有比号、前项和后项，怎么就不是比呢？

生：比的后项不能为0，可比分中有2：0。

师：也有不是0的呀，说明有的是比，有的不是比吗？

生：比分不表示一个数是另一个数的几分之几或几倍，而比是。

师：比分表示的是一个数比另一个数多或少几的关系，而比表示的是一个数是另一个数的几分之几或几倍的关系，所以比分不是比。

（评析：比分是学生在生活中常见的用比的形式来表示分数的例子，学生很自然的就能想到。教师的几个问题，使学生在辨析中进一步加深对比的意义的理解，既是总结，又是提升。）

（五）总结

师：比是数学中很重要的一个概念，今天我们初步认识了它，在后面的学习中同学们会感受到它在日常生活生产中的应用，以及它的重要性。

（六）实践作业

（1）上网查阅"人体中的比"。

（2）测量自己或家长身体各部分的长度，计算比值。

（评析：实践作业引导学生进行拓展学习，了解人体中更多的比及它的应用，丰富知识内涵；测量身体各部分的长度，计算比值，学生会从中发现人体外部结构中更多的奥秘，引发思考。）

总评：

1. 注重激发学生的学习兴趣

比的认识一课，遵循教材的编写特点，充分挖掘教材情境的内涵，体现出教材情境的价值。例如，出示生活化课题，探索人体的奥秘是学生非常感兴趣的事情，一下子就将学生的学习愿望调动起来。

2. 抓住了教材编写的亮点

以"人体中的比"作为教学素材，就是要实现数学与生活的密切联系。学生对人体很熟悉，但人体外部结构中的奥秘却是学生不知道的。以探究奥秘导入，再以计算出的比值感知，学生在这种呼应中恍然大悟，在进行数学学习的同时，好奇心得到极大满足。

3. 在辨析中体现数学思维

辨析"比分"与"比"的不同时，学生寻找各方面论据，从比的意义、比与除法、分数之间的关系等方面，证明它们的不同，展现出学生良好的数学思维习惯，及对本节课所学知识的准确理解，也是学习效果的展现。

4. 课外实践应用沟通课内外学习

人体中的比有很多，上网查阅"人体中的比"，可以满足学生的好奇心，并可从中获得人体中的比在生活中的广泛应用，开阔学生视野，感受人体中的奥秘。人体中的比不是一致的，不同的人拥有的比可能不一样，儿童与成年人的比也可能不一样，学生在测量中会发现这些不一样，进而引发学生的思考，产生进一步探究的愿望，实现知识延伸。

（发表于《滨州教育》）

第四章

教学反思　成长力量

"271"触动的是什么

——昌乐二中学习一周有得

2014年9月14—19日，我参加了教育局组织的"昌乐二中学习团"，深入昌乐二中，体验"271"的魅力。经历了"体验式"小组建设培训，聆听了四位主任的报告，每天进入初一到高二的课堂，看3~4节"高效课堂"，五天下来，与其说感受挺多，不如说触动很多更贴切一些。

触动一：高效课堂来自高效学习小组建设和高效导学案

学期初，我们学校提出了"自主合作四步学习法"课堂教学模式研究课题，在前期研讨确定基本模式的基础上，开学第一周就开始了课堂实践，然而，我们的感觉是课堂效率极其低。经过分析，大家一致认为瓶颈是"小组建设"。在昌乐二中的课堂中，我们感受到了学习小组的力量，感受到了导学案的有力落实。

1. 学习小组的建设原则

组内异质，组间同质，目的是让学生在小组合作过程中做到组内合作、组间竞争、相互信任，让每个学生在合作中都有展示自我的机会，让学习困难的学生在互相帮助中不断提升，让学习优秀的学生也能获得自信。

2. 学习小组建设要求

（1）每组六人，分上、中、下三层，首先分层一对一讨论，然后分层解答疑问。

（2）担任小组长的学生不一定是学习最好的，但一定是最热心、最有责任心、组织管理能力最强的。

（3）培训好组长，发挥学习小组长的管理、组织、检查作用。

（4）创新小组评价机制，杜绝为评价而评价，用恰当的评价机制培养小组积极思考、深入研究、高效学习的学习精神，把评价变为课堂的佐料。

3. 编好用好导学案、训练学案

（1）导学案、训练学案的编制要符合新课标要求，重点突出，按照"271高效课堂"要求，注意问题设置的层次性。

（2）导学案、训练学案编制要按程序，提前一周确定好编制人，每周一编制人开始编制学案，周三时与两位备课组长和包科领导研讨修改定稿，周四发给每位教师，每位教师都要做一遍，周六最后定稿印发给学生。周一集体备，课最后再对学生的使用进行通研，对内容再修改。学校检查用红笔修改后的学案。

（3）导学案包括学习目标、重点难点、使用说明、自学指导、相应练习、当堂检测等内容，其中自学指导部分尤为重要。学案设计要注意问题的层次性。

（4）每个导学案、训练学案做到有发必收、有收必批、有批必评、有评必纠。

4. 认真备课

按"271"课堂的五个环节精心设计，确保课堂大容量、快节奏，围绕学习目标，加大课堂信息量、思维量、训练量；每一个目标下的学习内容，都要达到学生能够承受的最大限度。

每节课都要板书学习目标。学习目标包括学习内容、理解掌握、灵活运用等，设计科学、时间分配合理，切忌模棱两可。板书要认真、工整、醒目，写在黑板右上角，不能擦掉。学习目标要贯串课堂始终，每个步骤都要围绕目标进行。

强化落实，注重整理。当堂内容要当堂落实，每节课都要清出底子。每节课后要跟上巩固性练习，不怕重复，把知识和能力的落实作为唯一目标。

触动二：高效课堂，生生互动的精彩

"271"高效课堂步骤及具体要求。

1. 预习自学，探究问题

每位学生根据学习目标在规定时间内完成学习任务，要求学生静心动脑，认真预习、自主分析、解决问题，用红色笔标注出自己解决不了的问题。

2. 完成学案，训练应用

在预习之后，由学生自主完成学案。学案中大部分内容，学习成绩中等以上的学生通过自学后都能完成，但一些综合思考性题目或答案不唯一的题目需讨论解决，要注意标记。做学案一要强调思考和规范，二要书写认真、标注清楚，一定要用红笔画出自己不会的问题，注重对题型、思路、规律的总结。

3. 分组合作，讨论解疑

分组合作，讨论解疑，是学生相互学习、共同促进的关键环节。在这个环节中，不仅仅是优秀学生帮助待优生，更是让全体学生把思路打开，每个学生都可以提出不同的观点。教师全面掌控，由小组长负责组织，围绕问题进行交流、讨论甚至争论。首先在组内三个层次中分层一对一讨论，共同研究解决问题，仍然解决不了的向上一层同学请教，这样既能提高效率，又能解决问题。注意讨论时要控制好时间，保证有效讨论，要做好勾画记录。同时注意总结本组好的解题方法和规律，以便展示。教师要巡回收集学生讨论中仍然解决不了的问题，以备做有针对性的点拨。（以上三个环节约占课堂30分钟时间，即"271"中的"7"）

4. 展示点评，总结升华

小组通过讨论交流，把自己构建的知识网络或提炼的典型解题思路，展示到黑板上，由一名学生讲解点评。由于课堂时间的限制，学生不能一一展示，每组选一名代表，同时到黑板上展示，教师要充分利用好前后黑板和两块小黑板。在展示的过程中，其他小组成员可以利用其他颜色的笔对展示的内容进行修补或修改，其他同学一律做导学案，让所有学生在展示环节中都处于紧张状态，有事可做。同时可以进行小组间展示，未参加黑板展示的学生将自己的成果写在学案上，相邻两个小组成员之间互相交换并给对方批阅修改，在批阅的过程中既学习了其他同学的优秀创意和想法，又可以注意到容易出错的地方。这种展示方法可用于训练量较大的内容或拉练检测。最后教师进行点拨，一是针对学生的展示点评，肯定值得借鉴的地方，指出存在的问题；二是对学生模糊不清的疑难问题，做出准确的答复；三是对重难点问题进行点拨讲解，归纳方法、规律，教师的讲要语言简练，直奔问题，点深点透；四是针对展示点评情况科学评价各小组，激励到位。

（该环节约占10分钟，即"271"中的"2"）

5. 清理过关，当堂检测

学生经过激烈的讨论，思维比较活跃，这时需要静心总结归纳，反刍消化，清理过关，使知识更加完善，掌握更加扎实。最后进行达标检测。检测方式可以是口头检查，也可以是学生之间一对一的检查，可以用小纸条，还可以设计题目进行书面检测，总之要根据当堂内容灵活检测，注重实效。下课前让学生整理课堂所学内容，整理好典型题本。

触动三："271"精神引领

课堂立意、能力立意、育人立意，这是昌乐二中发展的目标引领。现在"271"发展成了一种精神。在听报告时，在和教师的交流中，在学生的感言中，"赵校长""赵爸爸"出现的频次特别高，这说明什么？我感觉到校长就是一种精神，他的思想已经深入人心。昌乐二中的精神就是全力以赴的工作精神，阅读思考的学习精神，永远真诚的服务精神，信赖共赢的团队精神，敢于独创的创新精神，高效执行的管理精神。昌乐二中是要把每个学生的一生变成一个成功而精彩的故事。

我认为在操作环节上应注意以下几点：

第一，注重对小组长的培训。培训频次要多，时间要短，要求要具体。

第二，注重一对一交流。一对一，也就是以往的同桌交流方式。

第三，小组展示要同时进行，借助小黑板。展示的同时，其他学生继续交流。

第四，点评环节重在组间质疑和补充。

第五，每堂课都要进行当堂检测。题目设计要少而精，力求当堂反馈。

第六，评价方式多样，目标多元。以激发学生兴趣为主，不囿于具体、细致的量规。

"模式研讨"再认识

"自主合作四步教学法"课堂教学模式研究已近一个学期，期间到昌乐二中、滨州授田英才学园学习，由开始的懵懵懂懂到现在的思路逐渐清晰，我对这一研究也产生了新的认识。

1. 模式研讨在学生、教师发展方面的价值

对学生来讲，我们的四步教学法中，"问题驱动自主学习"环节，关注了学生个体的独立思考，使个性思维得以呈现；"小组交流合作学习"关注了学生间的同伴互助学习，在学习小组这个共同体的构建上，作用重大；"展示汇报点拨提升"是学生综合能力提升的训练；"巩固应用拓展延伸"关注了学生对知识的自我检测以及反思能力的培养。对教师来讲，模式的研究促使教师由关注教师的教转向关注学生的学，真正体现了以生为本的教学理念，教学逐步向基于问题解决的研究发展。

2. 明确了下一步需要重点解决的问题

一是如何提高小组内交流的效率，二是如何组织高效的展示。

3. 以问题解决为线索的过程材料整理

围绕"模式的落实""小组内交流的流程""展示汇报的策略"三个问题，各年级组做了哪些工作，整理证明材料，完善研究过程。

"一封致歉信"的故事

　　我校邀请北京的两位老师共同开展了"同课异构"研讨交流活动，著名心理研究专家张教授、北京特级教师赵老师做了精彩点评。"一封致歉信"的故事，就发生在这次活动中。

　　李老师执教的是五年级下册"长方体的认识"一课。这节课充分体现了关注学生体验，使之自主建构知识，给学生自主探索的时间和空间，帮助学生建立空间观念等新课程理念。其中有这样一个环节：学生小组合作用4根等长小棒和多个三头插件做一个长方体框架，完成后李老师请做得好的几个小组到前面展示，其他做得不标准的三个小组的学生就忙着修改（这是教师所不希望的，她本想利用没做好的这个资源为下面的教学服务），等老师转过头来，再去找做得不标准的长方体时，惊了！学生已修改好了。这时，教师一着急，就说道："我们不是有约定吗？停止后，没做好的就不要再做了，你们怎么偷偷地做好了？"没办法，教师只好将自己的长方体框架教具拆开，继续下面的教学活动。就是这个环节，被研究儿童心理的张教授抓住了。她说："学生忙着修改他们的作品，说明孩子是追求完美的。自己的作品不标准，就得不到认可，他们希望得到认可，所以无论怎样都想做好，教师完全可以在发现这一结果时换一种说法，例如：你们刚才还没做好，怎么一会儿工夫自己就把它修好了呢？你们是怎么做的，能给大家讲讲吗？这样，既保护了孩子的自尊心，帮他们建立自信心，又能为下面的学习穿针引线。"李老师自己也认识到了这一点，在课后反思中对无意中的这句话进行了深刻反省。非常欣赏、敬佩李老师的做法，她在课后给孩子们写了一封致歉信，原文如下：

亲爱的同学们：

　　你们好！

　　非常感谢你们留给所有听课老师，特别是留给我的精彩！你们的每一次个发言，每一次展示，都让我看到了你们的大气和才气，但是在课上对一些没搭成长方体的组自主完善这件事、老师并没有给予更多的认可，可以看出你们每一个人都是追求完美、积极向上的，但老师没有给予这种心理足够的保护和充分的尊重，对此深表歉意。

感谢孩子们让我更好的成长！欢迎你们到北京来！

致歉　致敬

李××

2010年5月8日

从这封情真意切的信中，我们看到了一位心中装有学生、为学生终身发展着想的优秀教师。

其实，在我们的日常教学中，类似的事情经常出现。当课堂出现"意外"时，教师的处理往往会出现"偏差"。如果教师在课后及时反思自己的教学行为，就会不断地积累经验，使自己的课堂生成成为丰富的教学资源，为实现教学目标服务；反之，如果教师处理不当，对孩子的心理和以后的发展将会产生不良影响，从某种意义上讲教师也就成了"罪人"。教书育人是教师职业的特性，每位教师都应将成就学生作为工作目标，设身处地为学生着想，使我们的课堂真正成为生命课堂。这件事，也引起了我校教师的思考与讨论，现摘录一二：

刘校长：李老师是一位谦恭、真正为孩子着想的教师，让人敬佩。

廉老师：她是一位大气的教师，是能将课程理念转变成教学行为的高水平教师，非常令人钦佩。

高老师：有勇气向学生致歉，说明她真正把学生当成了朋友，体现了一种新型的师生关系。

傅老师：李老师是一位境界高远、格局大气的教师，不愧为"京师"，称得上"德艺双馨"。

"认识比例"一课中比例的基本性质
环节再设计

山东版数学教材培训会上,某地级市的一位教师执教了"认识比例"一课,在比例的基本性质教学环节她是这样处理的:

教师和学生比赛,规则是:教师说一个比,学生说一个比,判断两个比能否成比例。教师的判断总是比学生快,让学生猜教师用了什么方法这么快就判断出是否成比例。学生有的说用求比值,有的说用化简比。这时教师说这里面有个小秘密,进而提示说两个外项和两个内项之间……,然后安排小组讨论,课件出示小提示:可以通过观察、算一算的方法研究,你能得出什么结论?小组汇报,教师板书:两个外项的积=两个内向的积。

这位教师用师生比赛的方式调动学生的积极性,用小秘密埋下伏笔,激发起学生的探究欲望。但是笔者总感觉教师牵引得太多,没有真正放手给学生探究的空间。联想到2008年暑假我在五年级上册教材培训会上执教的"比的认识"一课,都是概念教学内容,比例的教学是在比的基础之上进行的,反思这个还节,我觉得可以这样设计:

板书课题"认识比例"后,问学生:"现在知道了什么是比例,下面你还想了解关于比例的什么知识?"学生已经有了比的认识这一知识基础,能自然联想到比有基本性质,启发学生提出比例会不会也有基本性质这一问题,进而使学生带着问题进行探究,寻找比例的基本性质。当然,学生探究时需要大量的比例,可以利用前面的例子,这样尽量给学生的探究活动留出较多的时间,使学生经历比例的基本性质的获得过程,等自己的探究成果被认可时,对学生来说,会很享受那份成功的喜悦,进而激发起探究的欲望。

数学中的许多概念,都与旧知识有着内在的联系,教师就要引导学生充分运用旧知识,从中引出新概念来。这样既概括了旧知识,又学了新概念,有利于精讲多练。例如，在对"比的基本性质"这一概念教学时，首先将以前学过的除法的基本性质、分数的基本性质进行一次复习和巩固，让学生理解"被除数和除数同时扩大或同时缩小相同的数（零除外），以及分数的分子和分母同时乘以或除以同一个数（零除外），得出的商（分数值）不变"这两个性质，让学生从这两个性质中得出"比的基本性质即比的前项和比的后项都同时扩大（或缩小）相同的倍数（零除外）比值不变"，从而达到在复习巩固已学概念的同时，掌握新概念，并能在学习中灵活地运用新知识和掌握新知识。

在小学数学中，有些概念含义接近，但本质属性又有区别，这类概念学生比较容易混淆，必须把它们加以比较，以避免相互干扰。比较时主要是找出它们的相同点和不同点，是学生看到进行比较对象的内在联系，又看到它们的区别，这样学的概念就更加明确了。例如，对于"比"和"比例"这一章节中出现的"比"的基本性质、"比例"的基本性质，学生难以理解，也很容易将二者混淆。为了帮助学生理解和掌握这两个概念，在课堂教学中，教师可以采用区别比较的教学方法，先从"比"和"比例"这两个概念入手，理解两个数相除，又叫作这两个数的比，是这两个数之间的运算关系；"比例"则是两个"比"间的等量关系。"比"是由两个数组成的，而比例则是由四个数构成的等式。如$2：3$与$3：7=9：21$，前者是比，后者才是比例。这样学生理解了"比的前项和后项都同时扩大或者都同时缩小相同的倍数（零除外）比值不变"这一比的基本性质后，再来理解"在比例里，两个内项之积等于两个外项之积"这一比例的基本性质就比较容易了。

从对六年级学生的两项调查说起

　　"初步学会运用数学的思维方式去观察、分析现实社会，去解决日常生活中和其他学科学习中的问题，增强应用数学的意识"是义务教育数学课程标准中关于义务教育阶段数学学习的目标之一。六年级是小学毕业年级，也是义务教育第二学段的结束。下面与大家分享我对六年级学生进行的两个小调查，来看除了知识技能测评外，我们还需要关注什么，还能做些什么。

　　调查一：3/5+4/7比1大还是比1小，请写出你的想法

　　说明： 六年级的一个常态班，51人参与调查，要求必须独立完成，不能和他人交流。

　　调查结果如下：第一种，抄错题目和思维混乱的占6%；第二种，通分计算后进行比较的占86%；第三种，用估算的方法将两个分数都与它的一半比较的占6%；第四种，3/5大于3/7，3/7+4/7=1，所以3/5+4/7大于1，这样巧妙判断的占2%。将以上数据统计一下，四种解决问题的方法的学生所占的比例依次是6%、86%、6%、2%，运用第三种和第四种解题方法的学生人数明显偏少。

　　思考： 运用第三种和第四种解题方法的学生，具有良好的数感，思维比较灵活，具有开创性；大部分学生的思维处于普通水平，能够按部就班地完成任务，没有养成积极思考的良好习惯，思维面比较狭窄，不开阔。这就需要我们在日常教学中，多加渗透、指导，培养、训练学生思维的灵活性和开阔性，加强学生估计意识的培养。

　　调查二：用你喜欢的方法计算下面各题

　　（1）$0.125 \times 32 \times 2.5$

　　（2）$8.8-6.75+9.2-0.25$

　　（3）$\left(\dfrac{7}{12} + \dfrac{3}{8} - \dfrac{23}{24} \right) \times 24$

　　（4）$1248 \div 24$

（5）4.67–（2.98+0.67）

说明：六年级的一个常态班，51人参与调查，要求必须独立完成，不能和他人交流。

调查结果如下：

（1）$0.125 \times 32 \times 2.5$

用简便方法计算正确的有20人，占总人数的39%；计算正确但没使用简便方法的有17人，占总人数的33%；其他情况14人，占总人数的28%。

分析：$0.125 \times 32 \times 2.5$的简便计算，不是常规的直接使用简便计算方法，而是需要先观察数的特点，发现32可以分成4和8，而8和125，4和25是两组比较特殊的数，在简便计算时，经常使用。有39%的学生使用了简便方法计算正确，$0.125 \times 32 \times 2.5=（0.125 \times 8）\times（4 \times 2.5）=1 \times 10=10$。其他的28%中，大部分是在使用简便方法的过程中，出现了计算错误。

说明：这种类型的题目，大多数学生能够自觉简算。

（2）8.8–6.75+9.2–0.25

用简便方法计算正确的有23人，占总人数的45%；计算正确但没使用简便方法的有10人，占总人数的20%；其他情况18人，占总人数的35%。

分析：8.8–6.75+9.2–0.25的简便计算，数据特点很明显。有45%的学生使用了简便方法计算正确，8.8–6.75+9.2–0.25=（8.8+9.2）–（6.75+0.25）=18–7=11。其他的18%中，大部分是在利用减法性质过程中，出现了运算符号使用错误。

说明：这种类型的题目，大多数学生能够自觉简算。

（3）$\left(\dfrac{7}{12} + \dfrac{3}{8} - \dfrac{23}{24}\right) \times 24$

用简便方法正确计算的有29人，占总人数的57%；计算正确但没使用简便方法的有12人，占总人数的24%；其他情况10人，占总人数的19%。

分析：$\left(\dfrac{7}{12} + \dfrac{3}{8} - \dfrac{23}{24}\right) \times 24$的简便计算，数据特点很明显，直接使用乘法分配律。有57%的学生使用了简便方法计算正确，$\left(\dfrac{7}{12} + \dfrac{3}{8} - \dfrac{23}{24}\right) \times 24=\dfrac{7}{12} \times 24+\dfrac{3}{8} \times 24-\dfrac{23}{24} \times 24=14+9-23=0$。其他的19%中，大部分是先通分，在通分的过程中，出现了计算错误。

说明：这种类型的题目，大多数学生能够自觉简算。

（4）1248÷24

用简便方法计算正确的有6人，占总人数的12%；计算正确但没使用最简便方法的有13人，占总人数的25%；选择直接笔算的有23人，占总人数的45%；其他情况9人，占总人数的18%。

分析：1248÷24的简便计算，需要学生具备比较强的数感，把24看成4×6（3×8或12×2），然后应用除法的性质，可以使计算变得很简单。只有12%的学生使用了简便方法计算正确，说明对于类似题目，需要数感的支持。25%的学生也有简便的意识，只是使用的方法不够简便。45%的学生直接使用了笔算除法。其实对六年级学生来说，笔算除法应用起来比较熟练，不过和口算相比，笔算还是麻烦了些。其他18%的情况多是在应用简便方法的过程中，出现了计算错误。

说明：这种类型的题目，大多数学生不能够自觉简算。

（5）4.67-（2.98+0.67）

用简便方法计算正确的有30人，占总人数的59%；计算正确但没使用最简便方法的有9人，占总人数的18%；其他情况12人，占总人数的23%。

分析：4.67-（2.98+0.67）的简便计算，直接应用减法的性质，4.67-（2.98+0.67）=4.67-0.67-2.98=4-2.98=1.02，有59%的学生使用了简便方法计算正确，说明对于类似题目，学生的简算意识和能力比较强，只是在小数计算方面，学生的能力稍差。

说明：这种类型的题目，大多数学生能够自觉简算。

思考：综合以上情况，所出示的题目，大多不是简单的运算定律的运用，而是在观察数据特点的基础上，思考发现隐藏其中的简便计算方法。通过调查、分析，发现学生的简算意识比较强，简算能力有待提高。数学思维是简洁和概括的，在数学学习中，简便方法的运用很好地体现出学生是否具有了数学思考的简洁意识与能力。

我认为，课堂教学中应重点关注以下几点：

第一，关注学生思维能力的发展。

数学是思维的体操。发展学生的思维能力，不是单纯地靠解几个有难度的题目来完成，而应该不断地、经常地在课堂上展露学生的不同思考，展示时一定要有层次，只有这样，学生才会在显性的思维提升过程中，直观的感受不同思考的魅力。比如"积的变化规律"教学中，给学生几组数据，让学生计算后写出自己的发现。这时，教师不是单纯的让学生说出不同的思考，而是通过课堂观察，发现学生的思考情况，选择不同思考方式的四个学生进行汇报。汇报时，按照思维层次进行。第一个学生说："我发现42扩大了10倍，3不变，它们的积也扩大了十倍。"教师让这个学生听第二个学生汇报，第二个学生说："一个数不变，一个数扩大几倍，它的积就扩大几倍。"教师问第一个学生："听了这个同学的发言，你想说点什么？"第一个学生说："我只是说了一组算式中的规律，他把两组算式中的规律都说了，比我的全。"学生自己就进行了调整。然后第三个学生汇报："当一个数不变，另一个扩大或缩小时，积或商就跟着扩大或缩小相同的倍数。"教师让学生们评价，在交流中，学生认识到，第三个学生概括的更准确。最后第四个学生汇报："我是用了一个式子表示的。"四个学生的汇报，展示了四个不同的思维层次，学生在汇报、交流中，经历了思维的发展过程，对于发展学生思维，培养概括的思维品质，具有重要作用。因此，教学中，教师首先要有这种意识，有目的地进行课堂观察，把每次汇报都以思维层次发展的水平顺序予以呈现，关注学生的思维发展。另外，低年级学生要养成说"因为什么，所以什么"，高年级学生要养成说"是什么，为什么"，能够完整地表达自己的思维过程，以便生生间交流。

第二，关注学生自主学习能力的提升。

自主学习能力，是建立在学生自我意识发展基础上的"能学"；建立在学生具有内在学习动机基础上的"想学"；建立在学生掌握了一定的学习策略基础上的"会学"；建立在意志努力基础上的"坚持学"，培养学生的自主学习能力、自主学习习惯、自主学习品质、自主学习意志。培养学生的自主学习能力，不是一般意义上的在一种固定的"自主学习模式"中开展教学活动，而应该是以师生对话，最大限度地引发生生对话，让学生在对话、交流中思维碰撞，在倾听别人发言的同时，调整、完善自己的想法，在交流、质疑中提升。比如"长方体和正方体的认识"一课，在学生分组活动探究长方体和正方体的特征后，小组汇报交流，教师请一个小组到前面汇报，这个小组上去了两个学生，一个拿汇报单，一个拿长方体和正方体模型，一个说，一个就给同学们演示。这种汇报，做到了言之有物，说得清楚，听得明白，值得学习。特别是这个小组汇报后，问其他同学："谁还有问题或补充。"这完全没有教师说话的份，是学生之间的讨论和交流。比如在汇报了长方体相对的面完全相等后，下面就有同学问："你们量的棱啊，怎么能说是面积相等呢？"回答："我们量的是棱，可是这个面是长方形啊，长乘宽不就算出了它的面积吗？既然长和宽都相等，面积不就相等吗？"多棒的孩子，多么精彩的课堂对话呀！学生在倾听、交流、质疑中获得提升。

《教师最需要的心理学》读书所得

"书到用时方恨少"，这句话说得真对呀！如果在需要时，有一本可心的书读，那应该算是一件幸福的事吧。《教师最需要的心理学》就是一本使我假期生活充实，能够引发我思考的好书。

一、它是"及时雨"

说它是及时雨，是因为上学期开始，我负责的一项主要工作"培养学生自主学习能力研究"还处在初级的探索阶段。在书中，我找到了大量的理论依据，也为下一步的研究指明了方向，目标已经比较清晰。例如，培养学生学习兴趣的途径有和谐融洽的师生关系、选择适当的教学方法、展示学习丰富的美誉因素等。教师适时的表扬、鼓励，对学生学习给予肯定的评价，也是提高学生学习兴趣的有效手段。从认知心理学的角度分析，学会学习包括了学习态度、学习习惯、学习思维、学习意识和学习方法。学习态度是学习心态问题，学习习惯是一种比较稳定的学习行为，学习意识和学习思维是学习观念问题，学习方法即勤、思、巧、究。学会学习是学生得以全面发展的关键，教会学生学习，培养学生良好的学习品质是教师的重要责任。从心理学的意义讲，课堂教学的一切活动乃是教师以自身的学识、情感、智慧的火花去点燃学生心灵的火焰，师与生、生与生心灵的感应、接触和撞击，是课堂教学目标得以实现的最根本的保证。因而，课堂教学心理氛围的营造比之环境氛围、活动氛围具有更直接更深刻的意义。以上这些，都将是我们在本学期课堂教学研究中所要重点体现的。

二、"我一定要对得起学生"

可能是因为儿子的缘故，在陪伴儿子高三生活的过程中，我更加强烈地感觉到一名好教师在学生成长道路上的重要作用。在书中，这方面的观点更加深了我的认识。

"一个好教师意味着什么？首先意味着他是这样的人，他热爱孩子，感到跟孩子打交道是一种乐趣，相信每个孩子都能成为一个好人，善于跟他们交朋友，关心孩子的快乐和悲伤，了解孩子的心灵，时刻都不忘记自己也曾是个孩子。"

"如果教师不想方设法使学生产生情绪高昂和智力振奋的内心状态，就急于传授知识，那么这种知识只能使人产生冷漠的态度，而不动情感的脑力劳动就会带来疲倦，没有欢欣鼓舞的心情，学习就会成为学生沉重的负担。"

"一个教师必须好好地检点自己，他应该感觉到，他的一举一动都处在最严格的监督之下，世界上没有任何人受到这样严格的监督。爱护、尊重与信赖学生是一个优秀教师的基本品德。"

"教师个人的范例，对于青少年的心灵是任何东西都不可代替的最有用的阳光。"

做一名好教师，业务精益求精，对得起学生，是我最大的职业愿望。

基于"学习共同体"的数学课堂构建

佐藤学说："学校究竟是怎样一种场所？学校是师生共同学习、共同活动、共同休息、共同生活、彼此交往的场所。"

我们不得不思考：课堂是怎样一种场所？

课堂是教育教学的主阵地。

课堂是学生学习的场所。

课堂是师生交往互动的场所。

课堂是师生生命成长的场所。

课堂究竟是什么，各有各的理解和诠释，我认为：每个课堂都是一个"学习共同体"。构建学习共同体的核心原理是，通过每一个人的学习的分化，实现课堂文化的多样性。学校教育不是缩小每一个学生的差异，而是让每个学生都能获得个体的发展。每一个人之间的差异正是学习的原动力，抹杀了差异的同一性是不可能形成学习的。在学习共同体中，每个人都是在"自我探索""结交伙伴""建构世界"。

一、问题驱动，明确学习目标

创新是个人保持蓬勃朝气和昂扬锐气的力量源泉。创新意识是课标十大核心理念之一，学生自己发现和提出问题是创新的基础；独立思考、学会思考是创新的核心。上课时，采用问题驱动，明确学习目标，培养和发展学生的问题意识。带着问题，学生学习的兴趣和积极性容易调动，是保证课堂效率的基础。问题可以出自生动有趣的故事情境，也可以直接出示课题，学生围绕学习内容提出疑问，或者是看情境图提数学问题等。例如，学习"商不变的性质"，用"猴王分桃"的故事，猴王和小猴都笑了，谁的笑是聪明的一笑？为什么？关于"商不变"你有什么问题？起于问题，探究问题，兴趣盎然，理解到位，精彩不断。再如"相遇问题"，板书课题后问：关于相遇问题，你有什么问题？学生的问题有"什么是相遇问题？""相遇是什么意思？""相遇问题的解决方法是什么？""相遇问题有公式吗？"等等，每个问题都是本内容的重点研究问题，学生能提出这样的问题，是因为教师给学生创造了提问、发问、思考的时间和机会。

二、独立思考，组内交流

2002年《课程·教材·教法》第8期《小学数学教学中小组合作学习存在的问题及其解决策略》一文中指出："在合作学习之前要让学生先独立思考问题，每个学生有了初步想法后再进行探究、交流，共同解决问题。这样做给不爱动脑思考或学习有一定困难的学生提供了进步的机会，对提高这部分学生的学习能力是有帮助的。"2014年5月召开的首届华人数学教育会议上，有评价认为我国数学教育主要有三个弱项：独立思考、问题解决、创造性。

解决问题的过程，首先是学生个体的独立思考，每个人的个性思维得以呈现，在小组内交流，进行思维碰撞，进而调整、完善各自的思考，提高解决问题的能力。新课程倡导解决问题策略的多样化，倡导方法优化，课堂学习建立在独立思考基础上的小组学习，使每位学生都能在团队中获得发展。

三、合作讨论，汇报展示

小组团队展示，通过对话，全班这个学习共同体一起共享知识，知识是公开的和开放的。展示中，学生毫无保留地提出自己的见解，并谦虚地听取他人的见解，形成课堂中"彼此切磋的共同体"。

四、点拨提升，巩固运用

"对话的课堂"是师生共同参与的课堂，在课堂这个学习共同体中，教师发挥着组织者、引导者和合作者的作用。

避免"抄错数"的有效方法

暑期参加省新课程培训时，有幸听到了某市数学教研员马老师关于"教学技术"的讲座，他介绍了避免学生在抄题时抄错数的有效方法。马老师非常善于发现问题，而且很善于寻找解决问题的方法。比如学生做作业时，经常因抄错数导致计算出错，这种问题是数学课上的常见问题，我们经常遇到，却不知道问题出在哪儿，经马老师一讲，我才豁然开朗，原来这是学生视觉迁移能力在作怪。如何提高学生的视觉迁移能力，有一种方法很有效，现在我在教一年级数学时就经常用到。

把学过的计算题制作成卡片，每节课一开始就让学生看卡片，抄算式，写得数，规定老师数三个数的时间就得抄完。我试验了一段时间，学生几乎没有出现过因抄错数致使计算出错的情况，效果很好，而且用这种方法，能有效地促使学生快速集中精力，为上课做好准备。如果坚持下来，我想这批孩子的视觉迁移能力会不断提高，进而促使他们在专心听讲、计算能力、反应能力等方面不断提高。

叫出学生的名字最好

在"中国德育和班主任大会"上，《德育报》社长张国宏做了《谈班主任工作》的主题报告，在班主任素养中提到这样一个观点：点好第一次名。

"叫出学生的名字最好"这一点我是深有体会。记得一次打开电视，山东教育台正在播出《创新班主任》访谈节目。在节目中，一位班主任说他在每次接受新班时，都要做一件事，就是拿到全班学生名单，在见学生前，将所有名字背下来，第一节课不看名单点名，不上新课，而是让学生做简报，介绍自己，然后他用一天时间阅读，从开学第二天开始，他就已将每位学生的音容笑貌、喜好、特点牢记在心。虽然我不担任班主任工作，但借鉴了这位班主任的经验，每当我接受一个新班数学课时，我都如此这般一番。记得第一次试用是在三年级的一个班，来到教室，我和学生谈话："同学们，从今天开始，我是大家的数学课教师，谁知道我姓什么？"没有一个学生回应，我接着说："那么你们可以考考老师，看我能不能叫出你们的名字。"结果几个大胆的学生试着站起来，我一一叫出他们的名字。这时，学生骚动起来，"哎，傅老师真厉害呀！"一双双小手高高举起来。（当然，我还是选那些特点突出，已经记住名字的几个学生来点名，适可而止）就这样一下子把学生镇住了，在他们心目中，傅老师真厉害。从另一方面讲，他们知道老师已认识、熟悉他们，避免了学生与新教师接触初期的疏于管理弊病，缩短了适应期，他们崇拜你，佩服你，教学工作的开展、师生关系的处理都会得心应手。这一招使我尝到了甜头，屡试不爽。

这次培训会，张国宏社长把"叫出学生的名字最好"推荐给大家，相信会有更多的班主任在自己的班级管理工作中去尝试。推而广之，好的方法大家用，好的方法学生受用。"教有法，教无定法"，借鉴、创新是每位教师、每位班主任的工作法宝。

经历过，就是收获

经历是一笔财富。我想，这句富有哲理的话，说明过程和结果同等重要。

暑假，我参加了特级教师评选活动。从7月初参加县级评选，到7月24日参加市级评选，最后8月14日到省里说课、答辩，在经历中收获着，借此与大家分享和共勉。

一、要求严格的材料关

经历过高级职称评审的教师可能都有感触，人事部门对申报材料要求极为严格。首先是内容必须符合填表要求，表格格式不能改变。在特级评选中，往省里报材料前，一次一次的修改申报表、一览表，一次次的加盖学校、教育局、人事局、县政府公章，接连几天都要跑教育局。记得有一次上午打来回，冒着瓢泼大雨，车行路上，我们几个都紧张得不行。跑得辛苦，在辛苦中锻炼了耐心，也深切感受了精益求精的工作态度。

二、极富挑战的说课、答辩

市里说课时，要求现场抽课题，准备40分钟，说课10分钟，答辩5分钟。虽然没有要求，但我备完课后简单记了提纲，说课时是脱稿的，时间控制在10分钟之内。我想，在这么短的时间里，提高对自己的要求，底气来自对教材的准确把握及熟悉程度。当时我抽到的是四年级的笔算乘法。对于计算课教学，课程标准里面新加了"运算能力"这一核心概念，课程目标也由"关注双基"变为"关注四基"，即基础知识、基本技能、基本思想、基本活动经验，因此教学目标的定位很重要。首先是在具体情境中，理解计算算理和计算方法，能正确计算，然后是经历计算算理和计算方法的探索过程，发展计算能力，培养迁移、推理能力，最后感受数学与生活的密切联系。在教法和学法方面重点关注学生利用已有知识学习新知识的能力的培养，关注自主学习和合作交流能力的培养，关注解决问题策略和方法多样化，等等。有了这些储备，说课就会表现自如，不是在备说课稿，而是在和专家面对面的交流。最让我难忘的是参加省里的说课和答辩。我抽到的是上午第10号，也就是上午的最后一个，早上7：30，120名参选教师进入准备室，由每组的1号开始，依次到备课室抽课题，准备20分钟后，说课15分钟、答辩5分钟。从7：30到11：15，我一直在准备室，手里只有一本全新的五年级上册课本（"全新"的意思就是不允许有一个勾勾画画的地方，更不允许有书写的字迹），一遍一遍地从第一单元到最后一单元过电影，有时选择一个内容练习在15分钟内说完，一个上午精神高度紧张，以至于说课时汗水把衣服都湿透了。说课结束，最后总结时说："我认为教学活动是师生积极参与、交往互动的过程，教师要关注学生，以师生对话最大限度地引领生生对话，在交流中激活学生思维，在思维碰撞中迸发智慧的火花，激发学习兴趣，教师要以自己的专业和经验引领学生走好学习生活之路，关注学生的生命成长，我愿意做这样的老师。"这期间评委不断点头，看到这样的反馈信息，心里感觉轻松了很多，后面的答辩，是在交流对话的氛围中进行的。

三、令人感动的花絮

8月14日，参选的教师中，我们三个房间的三对选手，每对选手的号码竟然都相同，算是一大惊喜吧。

三位教师竟然都抽到了上午的号，如愿的当天回到家。

我和儿子都是在这一天上午经受考验，我说课，儿子考驾驶科目二，母子相互鼓励，都很顺利。

我经常把自己反锁在办公室，大脑高速运转，准备整个一册课本所有教学内容的说课稿，自己都不相信，原来只要静下心来，四十几岁的脑子里还能装进那么多的东西。

和杜老师为伴，在她身上学到了很多东西。比如做事的条理性，考虑问题的周全，对待问题的认真态度，无不使我深受启发。提前一天到达后，我们两个就在房间里做准备，有时互相点课题，互相提问，那一幕真的令人难忘。

没想到这一幕早早展现出来了

昨天上了开学的第一节数学课，本学期力求在教师引领下，最大限度地调动学生间的交流、对话，因此第一节课上，除了和学生聊聊天，展示评价一下"温故而知新"作业外，重点训练了学生间的对话。

今天上新课了，分数乘法的意义以及计算方法。一节课学习分数乘整数和一个数乘分数两个知识点，而且是在对比、沟通中学习。在教学1/2×6和6×1/2的不同意义时，学生间展开讨论，有5个学生参与了这个问题的交流，我只是以一个简单的手势提醒他们应该怎么进行，竟然已经能顺畅地交流，并得出了结果，这使我很惊讶，更是高兴，这么快学生就能自由、无障碍地进行沟通，我期待的一幕竟然在第二节课上就出现了啊！紧跟着通过让学生画直观图表示两个算式的意义，在对比中理解不同意义。算法的教学也是重在发挥学生的主动性，独立尝试计算，然后汇报交流。一学生到前面讲解，其他学生提问或者补充，在生生对话中不仅进一步理解算理，也掌握了基本式、二层、三层，甚至第四层次的计算方法，不同层次的学生使用不同层次的方法，关注全体，真正面向全体，让全体学生都能获得良好的数学教育，学习基础不同的学生在数学上获得不同的发展。

尽管任教三年级和六年级各一个班的数学课，又是刚刚开学，体力和精力都不是最好状态，然而，心理的愉悦可以消除身体的疲惫。

每个孩子都是成长中的人

现在是11月底，接手三（11）班至今已3个月，俗话说快满百日了。昨晚和班主任魏老师一同召开了7位问题学生的家长会。几个学生都是男孩，共同点是思维灵活、习惯比较差、书写潦草、不会听课，所以相对来说，学习成绩、课堂常规、教学常规等方面的问题比较多。

下午放学后，和他们的家长针对孩子在家、在校的各方面表现，存在的困难，进行了深入交流，共同讨论解决问题的办法，明确作为教师、家长在孩子的成长道路上应该发挥怎样的引领和帮扶作用，让家长明确，自己与孩子的关系，不只是管教，还应该多一些体谅、关怀和互助，不是一对矛盾关系，而是一种互相影响的关系。

从教24年来，在处理家校关系方面，我始终遵循讨论问题、共寻方法的原则，从来不要求家长检查作业、签字，从来不因为孩子的问题训斥家长，因为作为教师，除了要面对学生，对学生要施加正面的影响，还要面对一个个家庭，对家长施加正面影响，所以每次家长会我总会晓之以理，帮助家长明白家庭教育的重要性。学生都是成长中的人，而且是处于初级阶段的人，所以他们总会或多或少的存在一些问题，这都很正常，作为教师、家长，就应该正确地引领和指导他们，走好自己的学习和人生之路。

今天第二节课，一位教师给三（11）班学生讲品德课，听课的人不少，刘校长、田校长、三年级组教师都到了，王书飞同学表现特别抢眼，这个抢眼不是回答问题多么精彩，而是次数多、积极、姿势不大方、思维偏离主题等。下课后，我把他叫出来，进行了针对性谈话。"首先，老师要和你谈话，有好听的也有不好听的，你想先听哪种？"他选择了不好听的，理由是最后听好听的，自己会高兴。我的指导是先说好听的，这样他才会高兴。好听的是表扬，上课回答问题积极，说明认真听讲，积极思考，学习效率高。表扬以后，问王书飞高兴不高兴，答曰高兴。"好，下面老师就说不好听的，有两点：一是回答问题不大方，表现在说话时眼睛不看老师，手乱动、身体乱动，这就是不大方，看老师刚才和你讲话时的样子，怎么样？"答曰大方。"好，现在你就大大方方地和老师讲话试试。"结果，王书飞站得很直，手也贴在了裤缝上。

"二是同学们都在认真看图、思考的时候，你说话破坏了一种安静的氛围，产生了不好的影响，这些都做得不对。以前，这些你可能不懂，现在，老师和你讲了，你明白了吗？知道应该怎么做了吗？"王书飞使劲点点头。

另外，通过听课，发现班上学生大都只会描述是什么，不会说明为什么，只是说明现象，不会谈自己的感受，这就是思考浅显，不会思考的表现。课上，一定要注意培养学生的语言表达能力，因为语言是思维的物质外显。

人要活出精气神

——再读《平凡的世界》有感

　　上师范时读了《平凡的世界》第一部，那时年龄小，对小说中人物的生活追求、理想境界都没有深刻领悟。现在，上七年级的儿子的老师推荐他读这本小说，我也又一次捧起它。

　　作者路遥用极朴素的语言，通过对陕北黄原地区、原西县、石圪节公社、双水村中的典型人物的描写，将1975年到1985年十年间中国大地发生的巨大变化淋漓尽致地呈现在读者面前。又一次读完它，在我的心灵深处有一种感动，感动于孙少安、孙少平的精气神。

　　孙少安的精气神。少安十三岁就告别他热爱的课堂，投身到劳动实践的社会大课堂，不是他不爱学习，也不是学习不好，而是他要帮年迈的父亲撑起这个家，要让年幼的弟妹能继续读书。十三岁，还是个孩子，是一种对家庭，对父母，对弟妹的责任感，使少安成为家庭的顶梁柱。家庭的贫困和希望爱人过得好的思想，迫使少安放弃了对青梅竹马、两小无猜的田润叶的感情，少安的希望是好的，却使润叶在几年内一直处在深深的痛苦之中。由少吃无喝，到吃饱穿暖，到成为农民企业家，少安的努力奋斗、不服输的性格，成就了他的"强人"形象。

　　孙少平的精气神。一母同胞，有很多相似的地方。少平的自强不息和对家人的责任感一点也不差，与哥哥少安比，他的视野更开阔，他勇于走出家门，到更广阔的天地中接受锻炼，背石头、做建筑工人、挖煤，再苦再累都不怕，因为哥哥分家另过后，他是家庭的顶梁柱，他要通过劳动改变自己、家庭的生活质量。少平有一位志同道合的知心爱人田晓霞，是市委书记的女儿，省报的记者。地位的悬殊没有挡住两颗相爱的心，这也是少平与哥哥的不同，敢爱，敢于表达。生活的境况，时代的变迁造就了少平的坚毅与刚强。

　　平凡的世界，平凡的生活，平凡的人，却有不平凡的追求，不平凡的精神，是读书、是学习使然。在那个时代，能读书的大都是家庭条件好的人家的孩子，从贫苦家庭走出来的读书人，都要付出比常人多得多的辛苦，他们是真正有精气神的人，是能够推动历史向前发展的人。

学生的精彩源于什么

——以"商不变的性质"为例

今天教学"商不变的性质",课堂上学生兴趣高涨,精彩不断呈现,确实让我这个做老师的激动不已,现作文以记之。

【片段描述】

一、课前笔算

课前笔算一题67×35=2345。

二、复习积的变化规律导入

师:用前面学习的积的变化规律,你能想到哪道算式的得数?

张阳(一个很内向的学生):670×35=23450(读数遇到了困难,最终还是正确读出来了)。

师:说说理由。

张阳:一个因数不变,另一个因数乘10,积也乘10。

师:感谢张阳,他是第一个应用积的变化规律想出算式的同学。谁还能想出不同算式的得数?

宋辰瑞:6700×3500=23450000,一个因数乘100,另一个因数也乘100,积也乘100。

师:这是应用了积的变化规律的拓展。再想想,积也乘100吗?

生:积乘1000,不是,是乘10000。

师:一个因数乘100,另一个因数也乘100,积就乘100个100,是10000,得数可以改写成2345万,这儿我们还用到了第一单元的知识,真好!

三、探究商不变性质

学习新课，先讲"猴王分桃"的故事，边讲故事边板书6、3，60、30、600、300。

师：谁的笑是聪明的一笑呢？

生：猴王。因为不管怎么分，每只小猴都是分2个桃子。

板书：$6 \div 3 = 2$；

$\qquad 60 \div 30 = 2$；

$\qquad 600 \div 300 = 2$。

师：2在除法算式中叫什么？仔细观察这组算式，有什么特点？

（板书：商不变）

师：看到"商不变"你有什么问题？

王子宣：商为什么不变啊？

刘树泽：学习商不变有什么用？

师：问得好。被除数和除数怎么变，商才能不变呢？大家将问题重复一遍。

师：从上往下观察被除数和除数，你有什么发现？如果自己就有发现，我们就不需要小组内交流了。

生：被除数乘10，除数也乘10，商不变。

几个学生都是这样说。

师：看看第三道式子，和第一道比，怎么样？

生：被除数乘100，除数也乘100，商不变。

连续几个学生都这样说。

师：只能是乘10、100吗？

生：被除数乘1000，除数也乘1000，商不变。

还有说乘1万、1亿的。

师：除了整十、整百这样的数，其他的数行不行，大家来试一试。

生：都乘3，变成18除以9，商还是2，不变。

生：都乘11，66除以33，还是2。

师：这样的例子能举多少个？既然能举无数个，就是一条规律了，能不能用一句话来说说。

生：被除数和除数都乘任何一个数，商不变。

师：任何一个数？再准确些。

生：被除数和除数都乘同一个数，商不变。

师：很好，大家齐读这句话。都乘同一个数，商不变，你还想到了什么？

生：同除一个数呢？

师：从下往上观察这组算式，你有什么发现？用一句话说说。

生：被除数和除数同时除以10，商不变。

生：被除数和除数同时除以100，商不变。

生：被除数和除数同时除以一个数，商不变。

在不断举例，不断叙述中，学生的积极性高涨起来，连平时很少说话的学生都举起了手。

师：这句话我们不用再验证了，大家齐读这句话：被除数和除数同时乘（除）以同一个数，商不变。

师：会学习，会思考的同学，当我们得到一个结论后，还要思考一下，这个结论完善吗？准确吗？还有没有漏洞？

学生没有了声音……

刘嘉仪悄声说：0呢？

师：刘嘉仪大声说说你的想法。

刘嘉仪：0比较特殊，乘0呢？

师：我们试一试，都乘0，变成0×0了，得0，商变了，况且0还不能做除数。看来，这个特殊的0，不适用我们这句话，得把它请出去。（板书：0除外）感谢刘嘉仪，她的思考让我们对商不变的规律有了新的认识。

张卓豪：老师，如果同时除以的数，有余数的怎么样？

师：我们来举例试一试。

$8 \div 3 = 2……2$

$80 \div 30 = 2……20$

观察一下，有什么发现？

生：余数变了，商没变。

师：感谢张卓豪。他的思考让我们知道，有余数的除法算式中，也有商不变的规律，但是余数是变化的。

张卓豪：像$8 \div 4 = 2$，8和4同时除以3呢？

师：我们来试一试。

$8 \div 4 = 2$

$(8 \div 3) \div (4 \div 3) = 2$

$2 \cdots\cdots 2 \quad 1 \cdots\cdots 1$

生：$2 \cdots\cdots 2$ 和 $1 \cdots\cdots 1$，这样的数不能做被除数和除数吧。

师：是啊，我们真要感谢这几位同学，因为他们的思考，让我们对商不变的规律有了更深入的理解和认识。

师：积有变化规律，商有不变规律，为了区别一下，我们还是改一下，商的规律就改成：商不变性质吧。

学生齐读商不变性质。

读完这个教学片段，你有什么思考？期待大家的分享。

什么是最好的

——"长方形正方形面积复习课"案例

今天下午三（11）班要参加学校合唱比赛。刚来到教室门口，几个学生就激动地问我："老师，我穿的衣服好看吗？""您看我们的比赛吗？"一看这气氛，我想：这第一节课不好上了。于是临时调整了一下思路，随手在黑板上画了一个长方形。故事开始了……

1. 根据图形，确定长和宽的数值

师：这是什么？

生：长方形。

师：观察这个长方形，缺少了什么？

生：长和宽不知道。

师：你觉得它们应该是多少？

生：长50，宽25，因为这样计算面积好算。

生：长35，宽10，因为这样如果要一个最大的正方形，正方形的面积好算。

生：长75，宽35，因为这样可以训练我们的计算能力。

师：好了，这些同学在给长宽数值时，都注意到了长比宽的数要大，这一点很好。不过，看看这个长方形的长和宽，哪组数值更合适？

生：长大约是宽的2倍。

师：好，我们就选择50和25这组吧。

2. 根据数值确定单位

师：好了，现在还缺什么？

生：单位。

师：可以选什么单位呢？

生：米，因为书写简单。

生：分米。

生：厘米，因为厘米比较熟悉。

生：那得看说的是什么，如果是苗圃，就得用米。

师：这名同学的话很有意义和价值，他会思考问题。我们常用的长度单位有米、分米、厘米，得根据实际情况选择合适的单位，真好。

师：如果是米，我们给这个长方形一个情境，选什么好呢？

生：苗圃、操场、草地。

师：如果是分米选什么好呢？

生：黑板、玻璃。

师：看这个米尺，可以是1米，可以是10分米，也可以是100厘米。我们量一下黑板的长，差不多40分米，还行。

生：广告牌。

师：好，就用广告牌。如果是厘米呢？

生：卡纸、试卷。

师：就卡纸吧。

生：老师，这样就可以编题了。

3. 学生根据图形讲故事

师：说得真好，竟然想到要编题了。我们就来选择苗圃，讲讲苗圃的故事吧。

生：一个苗圃，长50米，宽25米，它的面积是多少平方米？

师：好，说的是面积。如果问题继续深入，还可以问……

生：合多少平方分米；合多少平方厘米。

师：真好，进行单位换算。不过就换算式平方分米好了，换算到平方厘米数太大了，我们读不了了。这个问题能解决吗？好，独立解决。

师：继续讲故事。

生：这个苗圃的周长是多少米？

师：好，单位是米，不是平方米。

师：还是算周长，你能换一个说法吗？

生：围苗圃跑一圈，跑了多少米？

生：如果在苗圃周围围上栅栏，栅栏长多少米？

生：如果在苗圃周围栽上豆子，每米栽1棵，能栽多少棵？

师：很好的一个情境，只是那要多大的豆子哦，换一换，可以……

生：花、树。

师：好，如果在苗圃周围栽数，每隔一米栽1棵，能栽几棵？

师：好了，刚才大家讲了这么多苗圃的故事，实质上都要用到"（长+宽）×2"这个计算公式，这就是数学的特点，大家有所体会了吧？下面独立解决这个问题。

生：老师，我们怎么写答呀？

师：你们可以自己选择一个情境写答。

师：继续讲故事。

生：如果割一个最大的正方形栽上牡丹花，剩下的种月季，月季的面积有多大？

师：这个问题真好。谁说说怎么算？

生：分开以后，正好是两个一样的正方形，算正方形面积就行了。

师：这个数值正好巧了，如果长不是宽的2倍，怎么办？

生：可以直接算剩下的面积，也可以大面积减小面积。

师：大家的思维很开阔，想到了这么复杂的情境，故事越来越难讲了，还有吗？

生：每平方米种4棵花，一共能种多少棵？

生：我能提一个相反的，如果每4平方米种1棵花，可以种多少棵？

师：太好了，怎么算？

生：一个用乘法算，一个用除法算。

4. 总结

师：这节课感觉怎么样？

刘树泽：我觉得这节课太好玩了。

王书飞：我觉得很有意思，因为问题有意思。

……

下课了，刘航嘉跑到讲桌前和我说："老师，还可以是苗圃一边靠墙，算围的篱笆的长。"我说："哎呀，你的问题太好了，因为时间关系，老师没有让你们继续说这个问题，现在你提出来了，会思考，会学习，很好！"

【板书设计】

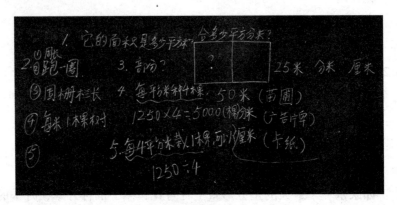

板书设计图

教后反思

"适合的就是最好的"，这节课充分证明了这句话。长方形和正方形面积的这节复习课由一个长方形引发，按照边长的数值、边长的单位、长方形的现实情境选择长方形苗圃的故事，慢慢展开，层层递进，将长方形的组成、单位的选择、面积单位的换算、长（正）方形的周长和面积的计算公式用一个大情境串联起来，学生的思维被慢慢打开，把长方形、正方形面积单元的典型题目都涉猎到了，学生学得开心、轻松，在复习过程中，知识构架凸显出来；在"讲故事"的氛围中，激情投入，心理安全，思维开阔，这就是最好的。

另外，模型思想的体现比较好，在围绕周长讲故事的过程中，学生体会到了围绕"（长+宽）×2"这个模型，能够讲出不同的故事，不管情境如何变换，本质没变，就是计算方法没变，都是用周长计算公式，都是计算周长。数学思想不是教出来的，是在教学过程中慢慢体会的，是学生的感悟。

分享交流，促进发展

——数学教研组活动总结

本学期初，在校长的指导下，我们数学教研组制订了以"任务驱动、成果分享"为主题的活动计划，特别是教研课有计划、有目的的安排，让每一名教师执教一节教研课，为他们搭建了发展的平台。下面就教研活动的情况以及效果做简单总结。

一、教研活动扎实有效进行，促进教师自主发展

1. 大教研教研课提供了优质的研究课资源

全组15位教师中有4位教师执教大教研课，他们是数学组的骨干教师及重点培养的年轻教师，其中高老师、孙老师执教的是外出学习汇报课（分别参加了华东六省一市优质课观摩和山东省优质课观摩），并邀请县教研室数学教研员李主任到校听课指导。通过大教研教研课的形式，骨干教师用自己的实际行动为其他教师做出了榜样，提供了优质的研究课资源。

2. 小教研集体备课，凝聚集体智慧

每次教研课前的小教研，执教教师都要先上说课，然后本年级组教师共同备课，完善教学预案，最后执教教师进一步修改教案，准备执教教研课。大教研的教研课与小教研的集体说课相得益彰，在教研过程中每位教师都会有所收获，为不同层次的教师搭建起促进发展的平台。

3. 教研评课，在分享交流中成长

以学科课程标准以及各科教学基本原则为指导，引导教师本着理论与实践相结合的原则进行评课，使教师在评课过程中不只能说出课的哪个环节好，哪个环节不好，还能说出好与不好的理论根据，以此培养教师的听课能力，并从中获得怎样才能上好一节课的信息。

从效果上看，本学期的教研课，每位教师都做了精心的准备，十分重视。准备的过程本身就是提高的过程。人都是有惰性的，但只要有了目标，有了压力，自觉性自然而然就会增强。

4. 存在问题

俗话说，三个臭皮匠，赛过诸葛亮。在集体备课、评课这些环节中，如果每位教师畅所欲言，积极呈现自己的思考，再把这些思考集中在一起，就是一个大思想，一个好主意。在平时的教研活动中，教师们的发言积极性不是很高，评课时很少从教学理念、教学原则、教育学心理学角度去把握，多是纠缠在一些教学细节中。

二、教研汇报课展示教研活动成效

按学期初计划，5月20日—22日举行了学校优质课评选，在语文、数学、英语、艺体、综合五个大教研组评选推报的基础上，共有13名教师参与本次赛课活动，评出一等奖四名、二等奖四名、三等奖五名，并颁发荣誉证书。本着给不同层次教师创造展示机会的原则，本次参加评选的教师没有县级以上优质课，本着公平、公正的原则，评委会由五大教研组长、田校长、苏主任、张主任共同组成，全程听课，避免打分的不均衡性。从参赛教师的表现来看，他们在备课、试讲等方面都做了充分准备，应该说每节课都很成功。

数学组三名参赛教师，两名荣获一等奖，一名荣获三等奖，成绩不错，这是参赛教师个人努力与教研组团结向上的最好见证。其中年级组长孟老师、廉老师、高老师发挥了重要的指导作用，很好地履行了组长职责，同时体现了她们的价值。

一学期以来，在数学组全体教师的共同努力下，教研活动的组织、参与、成效等方面都有很大进步，体现了集体凝聚力，任务驱动、成果分享的主题得到充分显现。

"数学文化" 学习浅得

第一次较系统的了解数学文化是在5月份高端研修班上听宋乃庆教授的报告。通过培训学习，我认识到数学文化首先是一个"高位"的概念，在小学数学教师群体中，理解的人是少数，数学文化对小学生的影响又是巨大的，因此，了解数学文化，教学中自觉渗透数学文化，是我们亟须做的。

当前国内数学界几位大家对数学文化的认识是：

顾沛：通过数学文化可使学生体会数学的科学价值、应用价值、人文价值；增长见识，加强学生对数学的宏观认识和整体把握；使学生受到优秀文化的熏陶，领会数学的理性精神，从而提高自身的文化素养。

郑毓信：如果您的教学始终停留在知识和技能层面，您就只能算是一个"教书匠"；如果您的教学能够很好地体现数学的思维，您就是一个"智者"，您给学生带来了真正的智慧；如果您的教学能给学生无形的文化熏陶，那么，即使您只是一个小学教师，即使您身处偏僻的深山或边远地区，您也是一个真正的大师，您的生命也因此而充满了真正的价值。

在学习中认识数学文化的价值：

有利于激发学生的数学学习兴趣，使其受到优秀文化熏陶。

有利于帮助学生更好地认识数学、理解数学、学习数学，开阔学生视野，丰富学生的数学学习内容。

有利于提高学生的数学素养，推动数学教育活动的实施。

有利于提高学生的学习能力、实践能力和创新能力。

有利于培养学生的数学精神，增强民族自豪感。

数学文化是指数学知识、数学精神、数学思想、数学方法、思维方式等传播文明的总和。

个人思考：实现数学文化渗透的途径有多种，作为一名小学数学教师，首先应该做好的就是在课堂教学中渗透数学文化。

我想，在课堂教学中渗透数学文化首先应该做到以下三点：

第一，系统地整理出小学数学教材中相关的数学思想、数学方法以及数学史料。

第二，明确1~6年级教学内容中的数学思想、数学方法等在什么地方体现，做好标注。

第三，教学过程中，思维方式的培养，学生学习能力、实践能力、创新能力的提升，数学精神的涵养等自始至终加以关注。

数学想象的运用

"空间观念"是课标十大核心概念之一，我认为，想象力在空间观念的形成中具有重要作用。

比如在"长方形、正方形面积"一课中，经常遇到计算图形面积和周长的题目，当给出的图形不是规则的长方形或正方形，而是在图形的一角或者中间去掉一部分时，大多数学生就会感觉无从下手。这时，数学想象就会起到重要作用。会利用移动、割补等方法，将图形变形，而且清楚变与不变的关系的学生，会找到既简洁又实用的解决方法，降低计算难度，减少出错机会。

练习册第27页的11题，题目是："两个边长是10厘米的正方形，一个在右上角剪去一个长5厘米，宽3厘米的长方形，一个在上边上剪去一个长5厘米，宽3厘米的长方形，这两个图形剩下的部分的面积和周长各是多少？"这个题目多数学生不会做，当然数学想象能力强的几个学生做出来了，就让他们来讲解，教师有层次、条理地进行板书，便于学生进行比较，深入思考两个面积相等吗？周长呢？关键处点出"把图形变形，进而找到简便的解决方法，这就是数学想象，想象是学好数学的一种本领"。

思维方式决定解决问题的方法

青岛版六年级上册数学课本第115页第10题：北京到青岛的铁路长900千米，一列火车4小时行驶了全程的1/3。照这样计算，从北京到青岛大约需要几小时？

学生解决问题的方法有：

方法一：

900×1/3=300（千米）［已经行驶的路程］；

300÷4=75（千米/小时）［行驶的速度］；

900÷75=12（小时）［总路程除以速度等于总时间］。

根据路程、速度、时间三者之间的关系进行思考。

方法二：

900×1/3=300（千米）［已经行驶的路程］；

900÷300=3［总路程是已行驶路程的几倍］；

4×3=12（小时）［总时间就是已行驶时间的几倍］。

方法三：

1÷1/3×4=1×3×4=12（小时）［把总路程看作整体1，1里面有几个1/3，总时间里面就有几个4］。

方法四：

4÷1/3=12（小时）［已行驶路程是总路程的1/3，速度不变的情况下，已行驶时间就是总时间的1/3］。

分析以上几种方法，体现的思维方式是不同的。方法一的主要思路是利用数量关系式，是最基本的，也是比较单一的思维方式；方法二利用了数量间的倍数关系及等量代换的思想；方法三体现的是分数思维和等量代换思想及数量间的倍数关系；方法四是分数思维和等量代换思想的体现，也是思维含量最高、表现形式最简洁的方法。

　　交流中发现，多数学生对方法一和方法二比较认同，由方法一到方法四，能理解的学生数呈递减趋势。课堂上，充分肯定各种解题方法的同时，分析了几种方法所代表的不同解题思路，尊重学生的个性思维，让学生明白适合自己的就是最好的，能理解哪一种，就说明这一种符合你的思维方式。不过，在展示多样化的解决问题的方法后，教师需要引导学生比较几种方法，在比较中，感受不同方法的特点，使思维发展处于不同层次的学生都能得到发展。

　　新课程倡导解决问题策略的多样化和优化，就是要尊重个性思维，充分展现学生的不同方法，在交流、对话中倾听别人的想法，认可别人的想法的同时，提出自己不同的思考，或者对别人的想法提出质疑及补充等，在交流对话中调整、完善自己的思考，在生生对话中促进思维的发展。

"比较"是儿童认识事物的重要方法

吴正宪老师说："比较是儿童认识事物的重要方法。"在小学阶段的数学学习中，概念教学可以利用"比较"的方法，加深学生对概念的认识。

在进行"体积和容积"的教学时，我是这样做的。

【教学片段】

（1）师：前面我们认识了长方体和正方体的特征，会计算它们的表面积，后面还会学习什么内容？

生：体积。

师：知道什么是体积吗？

没有学生回答。

师：记得老师小时候学过一篇课文，叫《乌鸦喝水》，你们听过这个故事吗？

生：老师，我们也学过！

师：哦，正好，请这名同学来讲讲乌鸦喝水的故事吧。

学生讲故事。

师：真是一只聪明的乌鸦啊，它竟然运用了我们今天要学习的知识。谁来说说乌鸦是怎样喝到水的？说明了什么问题。

生：那些石块能占空，把水挤上去了。

生：石块有体积。

师：石块能占空儿，借助水我们看到了。你们想象一下，还有哪些物体也能占空？和同桌交流一下。

师：空气看不见也摸不着，它占空儿吗？能证明一下吗？

生：气球里面有空气时鼓起来，没有时就瘪了，说明空气能占空儿。

生：碳酸饮料摇晃后开盖，就会喷出来。

师：看来大家的知识面挺广的。这些都说明物体是有体积的。

（2）师：这个同学的水杯也有体积，里面装满水，水也有体积，哪个体积大？

师：对，杯子的体积大于里面水的体积，这些水的体积就是杯子的容积。如果杯子的厚度忽略不计的话，体积就等于容积了。

师：自己看课本94页和96页，读一读体积和容积的概念，标画出重点词。

师：我说所有的物体都有体积，对不对？

生：对。

师：我说所有的物体都有容积，对不对？

生：不对。

师：为什么？

生：容器才有容积。

师：请韩东昊和苏泽浩起立。同学们观察他们两个，能不能用今天的概念描述一下。

生：他们两个都有体积。

生：他们两个都有容积。他的胃里装食物。

韩东昊：我是人，不是容器哦！

生：韩东昊的体积比苏泽浩的大。

师：他俩都有体积，一个体积比另一个大，说得很到位，而且有层次。

（3）师：这个同学的彩笔盒里装满了彩笔，如果我装满水后，还能再放彩笔吗？

生：能，但是水就溢出来了。

师：水为什么溢出来，溢出来的水和彩笔有什么关系？

生：彩笔占了空间，它的体积和溢出来的水的体积一样大？

师：彩笔是这样的，水却没有形状，你怎么知道它们的体积一样大？有什么办法证明？

生：把溢出的水装到容器里称一称，再把彩笔称一称，就能比较了。

师：一千克的棉花和一千克的铁哪个重？

生：铁重。

生：都是一千克啊，怎么会铁重！

生：一样重。但是棉花的体积大很多。

师：看来现在用重量比体积不合适。

生：可以把水装进容器里，再用彩笔在另一个杯子里取出溢出的水，还是装进相同的容器里，就能比较了。

师：好啊，把不同转化成相同就能比较了，运用等量代换的方法来解决问题，是个好办法。

（4）师：想一想我们研究面积时，是从什么图形开始的？研究物体的体积，你准备从什么图形入手？

师：好，这个棱长1厘米的正方体的体积是1立方厘米，小组一起研究一下，用方格纸折出的这个长方体的体积有多大？

小组活动，教师巡视，参与交流。

小组汇报：①先算出一列有3×3=9个，再乘这样的6排，是54个。②先算出一大排有6×3=18个，再乘这样的3大排，是54个。

师：用体积单位就是54立方厘米。你能写出几个体积单位吗？

生：立方分米、立方米、立方毫米、立方千米。

师：常用的体积单位是立方厘米、立方分米、立方米。（板书）

师：你能写出相应的长度和面积单位吗？

板书：厘米　平方厘米　立方厘米

　　　长度　面积　　　体积

　　　线　　面　　　　体

师：闭上眼睛想一想线、面、体的样子。

下节课，我们继续研究体积和容积的计算方法。

听钱守旺报告感想

一、特级教师，风采袭人

钱守旺，全国著名特级教师、全国优秀教师、国家级骨干教师。在全国多家教育刊物上发表论文200多篇，主编和参编各种教学辅导用书20多年，出版《教好小学数学并不难》等三本专著。提出的"20个教学主张"对一线教师非常具有指导意义，讲座既有理论，又有实践，所有案例贴切、鲜活，说服力强，推陈出新意识强，他的课是常上常新。

二、不保守，充分体现社会价值

专家的引领作用发挥得淋漓尽致，他的讲座恨不得将自己的所教、所思、所得一股脑儿倒出来，别人有所得，就是他莫大的快乐与幸福，既是自身价值的体现，又发挥了教育价值，是一种社会价值的体现，很好地诠释了事业型的教育工作者的工作态度。

三、评课、上课，信手拈来，达到炉火纯青的境界

要达到一种境界，需要长期的磨砺。经历过风雨，才知道幸福是什么。做教育就如同大厨炒菜、司机开车、舵手航船，在长期实践中，不断积累、思考、总结经验，才会成名成家。一句话：付出才会收获。

四、感觉我们相差太多

具体体现在：规范程度不够，想法太多，全面铺开，精力达不到，导致花苞越多，争养分越厉害，当养料不足时，开不出一朵绚丽的花。

五、教研之风有待形成

教学研究的风气还未真正形成，疲于应付较多。教研活动要思考扎实、落实两个问题。

六、引领者应该怎样要求自己

俗话说，卖什么的吆喝什么。首先自己要带头干，业务精，才能带动教师钻研业务。教师职业的特殊性之一就是为人师表。

浅议语文四步教学展示课

张老师执教四步教学课题研究展示课，课题是"自己的花是让别人看的"。从这节展示课上，我看到了许多变化。

一、课的变化

想想前几年，我们教师还在按照"处理生字词—初读课文—分析课文"教学时，就发现大师的课不是这样上的，他们总是能抓住重点段、句、词，开放性地组织课文赏析、读写指导，那时，总认为教师水平不高，积淀不够，无法达到大师的课堂状态。然而，使用四步教学法，让学生在充分自读、批注、理解的基础上，进行组内交流、全班交流，重点段、句、词都在学生的交流中自然出现，教师适时跟进，加以点拨和提升，字词的理解运用、读写的指导、思想的升华，很自然地得以实现。不能不说，这是课堂组织方式变化带来的利好，教师怎么想都难以实现的状态，变成让学生自主学习，什么都有了。

二、学生的变化

自主学习的课堂，学生解读文本的能力得到培养，思维得到锻炼，交流对话的能力得到提升，自觉运用语言文字的意识得以增强，这不能不说是课堂组织形式给学生带来的变化，当然，这与教师的教学理念、方法指导有直接关系。

三、教师的变化

课堂上，教师的沉着、大气源自教育教学理论的储备，教学经验的积累，教学技能的娴熟。开放的课堂不断挑战教师的能力，在与学生的交流中，教师经常要强迫自己做得更好，让学生信服。这些都源自教师的不断实践，不断反思，不断提升。

四、我的思考

1. 平台的重要

教师个人专业成长，必须具备高度的自觉性，有高度自觉性的教师能够耐得住寂寞，能够选准目标，不断努力，最终不只是能走得远，也能飞得高。从管理者角度讲，教师专业成长需要平台，为教师搭建成长平台，不断地锻炼、积累，不断地上台阶，就会使教师群体出现阶梯状态和上升趋势，形成良好的团队结构。

2. 共同体建设

大家常说一句话，"一个人能够走得很快，一群人能够走得更远"，随着社会的发展，与人合作能力成为社会人的一项重要能力。因为，无论做什么工作，团队的力量是最大的。"团结就是力量"在不同的时代会有不同的解读，然而，实质是不变的。共同体的建设势在必行。

3. 坚持的意义

坚持做，长期做，什么事情都能在适合的时间、适合的地点有所成就。毛主席说，世界就怕"认真"二字。

走在路上，只要选准了方向，总会遇到属于你的盛典。

我能当组长

新接的班里有个男孩子叫王记龙，坐在离讲桌最近的第一排。注意到他是因为他的桌面上画满了圣斗士。下课后，我找他聊了聊，孩子很天真，也很机灵，属于精力旺盛型。

连着两天，我都就桌面的整洁问题和他谈话，结果很见效，桌面上的画少了，但还是经常出现。在一个合适的机会，我在全班表扬了他的进步，开家长会时，也询问了他在家的情况，在开学不到一个月的时间里，他的桌面已经变得非常干净，而且他很高兴地接下了当小组长的任务。开始时，他不同意，认为当组长不好，下课不能痛痛快快地玩，在我的鼓励下，他勇敢地挑起了组长的担子，还向小组同学保证一定当好组长，接受同学们的监督。

改变一个人很难，然而，小学生是处于人生初级阶段的发展中的人，他们的一些不良习惯是能改正的，关键是教师有没有耐心、爱心、宽容之心，有没有把孩子的生命成长作为教育教学关注的目标。

班里还有一个男孩叫王书飞，是一个思维敏捷、特别爱说话的孩子，注意力集中的时间很短。这几天他的练习册找不到了，做作业就抄在纸上，尽管很费工夫，他却一直在坚持。他对待作业的态度值得表扬，那就在班上大张旗鼓地表扬一番。这次表扬的效果是王书飞把练习册给复印了一份，高高兴兴地拿给我看。

学生身上的不良习惯比较多，那就一样一样地帮他改，尽管这需要时间和精力，但谁又会说是白白付出时间呢！

三年级的学生，身上存在问题的真是不少。其实，现在的学生智力上差别不大，影响他们的大都是不良习惯。我们都知道：播下一种行为，收获一种习惯；播下一种习惯，收获一种性格；播下一种性格，收获一种命运。决定人生命运的是什么？归根到底是人的行为。教师的职责是教书育人，育人就是要为学生的生命成长负责，相信在我们的不断努力下，孩子们会向着健康、快乐、有素养、有知识、有能力的目标前进。

小议"课堂竹签盒"

"课堂竹签盒"是我的得意之作。它的用途是每根竹签上写着一个学生的编号，课堂发言权由抽签决定，抽到谁的号，谁发言。其实，这不是我的创意，我是借鉴了一位香港老师的做法。在赴港交流时，一位教师就用这个办法，不但给课堂赋予了民主的意味，还有效地保护了学生的自尊心和学习积极性。

在刚接手这个班时，学生上课发言积极性很高，经常是"老师，我，我！"有的甚至边喊边把手举得高高的，当老师没有叫到他的名字时，他就失望的"哎——"一声，垂头丧气的。每当看到这种情形，我的心里就感到隐隐作痛。为了保护学生的积极性，不伤害他们的自尊心，使师生间的交流和谐、顺畅、高效，我和他们商量后，最后一致同意"抽签"决定发言权。晚上回家，没找到合适的材料做签，就暂且用月饼盒包装纸剪了51张小卡片，在每张卡片上写上编号，可是，用了几次感觉不好用，卡片薄薄的，随机性差，我就把这件事说给学生听，学生都来出主意、想办法，最后决定用小棒做签。韩东昊同学家里开饭店，主动拿了一把一次性筷子，两个女学生帮着写上了编号，在课间跑到办公室让我看，等到我上课时，讲桌上已经整齐地放好一个大纸杯，里面有51根干净整齐的"签"。

这个"课堂竹签盒"一直陪伴在我的课堂上，发挥了非常重要的作用。每当需要发言时，什么都不用说，抽到几号，几号学生就发言，课堂上不会出现一言堂，不会出现被遗忘的角落，每个学生都要认真听课，不然需要发言时，站起来什么也说不出，他自己就会觉得尴尬。

学生到了高年级，往往越来越不愿意回答问题，课堂上回答问题的总是那么几个人，这是普遍现象，但也是不正常的现象，改变它，其实并不难。课堂实践证明："课堂竹签盒"虽不是创举，却是"法宝"。

学生就是老师的那座"山"

曾经读过一个故事，具体情节记不清了，大体意思是一个孩子问妈妈，为什么山那边总有一个孩子在骂他，妈妈笑着告诉他，明天你再去试一试，说话客气一点，结果孩子很客气地对着大山喊：喂——你好！山那边也回答：喂——你好！是啊，当我们用善意对待他人时，同样会收获善意的报答。也有人说，你付出什么，就会收获什么。经常听其他教师说，在课堂上某个同学总是做小动作，不听课；某个同学谁还敢冲老师瞪眼等，学生不遵守课堂纪律的现象不胜枚举。我想，我们教师不应只是一味地埋怨学生如何不听话，更应该反思一下自己的教学行为：帮助学生是否真诚？看学生的眼神是否满怀期待？对待学生的错误是否宽容？是否能推心置腹地和学生交流？其实，学生就是老师的那座"山"，你给学生什么，学生就会回报你什么。

班上有个学生叫王哲，属于聪明却不爱学习型的。有一段时间他表现不错，作业书写认真、上课积极回答问题，然而坚持不久，就又变得上课不听讲，作业不好好做，还经常招惹周边学生，影响其他学生上课。班主任只好把他安排在最后一排。这下他可如鱼得水了，上课越发过分起来，甚至课前准备都不做，上课懒得动手写字，每节课我的视线总是先落在他的身上，提醒准备课本、练习本，可当你一不看他，他就恢复原样。有时我忍不住点他的名，提醒他该做什么，然而他却一副无所谓的样子。我意识到他更需要的是鼓励，于是抓住他一点点的进步，马上在班上表扬，帮他树立良好形象，渐渐地在他脸上现出了难得的自信的笑容。当然，这样的孩子往往自制力较差，很容易反复，他们更需要教师付出耐心与爱心。

"估算"：想说爱你不容易

读过湖北王莉老师的《"大约"=估算？》一文后，我对这一话题也有一些思考。

先说说《小学数学课程标准》中的"估算"："估算在日常生活与数学学习中有着十分广泛的应用，培养学生的估算意识，发展学生的估算能力，让学生拥有良好的数感，具有重要的价值。""能结合具体情境进行估算，并解释估算的过程。在解决具体问题的过程中，能选择合适的估算方法，养成估算的习惯。"

再说说教材中的估算：估算作为一种数学思想方法一直贯穿于小学数学的教学中。如人教版教材中大多数计算教学的例题都展示了笔算和估算两种算法，还安排了大量的估算活动，如"套圈游戏"活动，鼓励学生有意识地进行估算，并尝试运用不同的方法进行估算。在加减法的学习过程中，设计了许多估算的内容，如50元可以买哪两种玩具，春游时哪两个班坐一辆车最合适等，都鼓励学生养成运用估算来解决问题或预先估计运算结果的习惯。又如，在二年级下册"生活中的大数"单元中，教材多处安排了估算的活动，有估计一篇文章大约多少字，估计有多少片树叶，估计一筒花生有多少粒等。冀教版教材不仅将估算教学融入计算教学中，还把估算、估测的意识渗透到各个领域的教学中，使得估算意识的培养落到了实处。翻开北师大版教材，在练一练、试一试、说一说中就有很多估算的学习内容已融入解决问题的情境中。在一年级，学习了数的认识后，可以让学生估计一把黄豆有多少颗，一把糖果有多少颗……学习了测量单位"米"和"厘米"后，可以让学生估计课本的长度、教室的长是多少、100米大约走多少步……学习了统计后，从统计的比赛成绩中，估计谁是冠军；从统计同学喜欢书籍的数据，进行估计预测班级应该购买什么书籍……在一些实践活动中，更要注意多设计一些估计的问题……

綜上可见，估算不单单是方法的问题，更重要的是一种思考能力。然而在日常教学中，学生往往不能确定什么情况下需要估算，导致该估算时不估算，不该估算时反而估算的现象时有发生。

以3的倍数特征为例，谈探究性学习

苏霍姆林斯基说过："在人的心灵深处，都有一种根深蒂固的需要，这就是希望自己是一个发现者、研究者、探索者，而在儿童的精神世界中，这种需要特别强烈。""3的倍数的特征"是一节典型的探究学习课，如何设计探究活动，引导学生发现特征？应把握好教师是学生学习的引导者、促进者和参与者，而不是学生学习的领导者、驱赶者和搀扶者这个度。在我市组织的"小学数学探究性学习观摩研讨会"上，几位教师从不同的视角，分别设计出不同的探究活动形式，效果都很好。下面描述几个教学片段，与大家共享。

片段一：

学具：计数器、数量不等的珠子。

形式：分小组活动。

活动过程：把珠子放在计数器上，记录所表示的数，观察这些数，说说你的发现。

观察表

计数器上的数	各个数位上的珠子数	珠子总数	是不是3的倍数
181	1、8、1	10	不是
180	1、8、0	9	是
320	3、2、0	5	不是
680	6、8、0	14	不是
2555	2、5、5、5	17	不是

学生发现：珠子的个数是3的倍数的，组成的数就是3的倍数。

验证：用百数表中的3的倍数验证，然后用随便写的大数进一步验证，最后写出发现：各个数位上数的和是3的倍数。

思考：用计数器上的珠子数建立直观表象，将各个数位上的数物化为珠子，为抽象的数找到具体形象的代言物，使学生在操作、观察活动中，发现数的特征，铺设台阶，引领学生一步步总结出3的倍数的特征。

片段二：

学具：小棒。

形式：小组合作学习。

活动过程：用计算器找到一组3的倍数，以12为例，用摆小棒的方法演示除以3的过程，然后分小组完成下表。

3的倍数的特征探究记录表

十个 位位	十位余下多少 小棒	个位上的小棒	一共余多少小棒	是不是3的倍数
12	1	2	3	是
22	2	2	4	不是
32	0	2	2	不是
42	1	2	3	是
…				
92	0	2	2	不是

引导发现：余下的小棒数正好是个位和十位上数字的和，这个数是3的倍数。

思考：借用分小棒，从除法的意义入手，用表格的形式引导学生发现十位上的数字，正好是3个3个分小棒时，几十里面就剩几，然后合起来，如果是3的倍数，这个数就是3的倍数。

片段三：

学具：小棒、数位表。

过程：用1到10根小棒在数位表里摆数，完成记录单，如下：

3的倍数的特征探究学习单

小棒根数	摆出的数	是否是3的倍数
1	1、10	不是
2	2、20、11	不是
3	3、12、21、30、102、 111、120、201、210、300	是

小棒根数	摆出的数	是否是3的倍数
4	…	不是
5	…	不是
6	…	是
7	…	不是
8	…	不是
9	…	是
10	…	不是

发现：小棒是3、6、9时，摆出的数是3的倍数。推想得出：个位和十位上的数的和是3、6、9、12、15……也就是3的倍数时，这个数是3的倍数。

思考：借助数位表，用小棒摆数，也就是所用小棒根数就是各个数位上数的和，为学生的思维搭建桥梁，在操作活动中，建立各个数位上数的和与小棒根数的联系。

以上几个设计，均采用直观操作，让学生在动手活动中，参与学习过程，符合新课程让学生参与数学活动，积累活动经验的理念。然而学生完成的表格是教师预设而成，教师直接搭好具体事物与各个数位上数的和之间的桥梁，只要学生按照要求完成表格，结论自然而然地就会呈现出来，相对来说，减弱了思维的深度。

片段三：

学具：百数表。

过程：学生独立找出百数表中所有3的倍数，交流汇报时，找得又快又全又准的学生都是发现并利用了百数表（百数表是数的性质研究领域中经典的工具）中3的倍数的排列特点，也就是成斜行排列，这是学生具有较强的数感所致。很多伟大的发明都是借助灵感而成，这一鲜明特征让人自然产生猜想：3的倍数的特征是不是就隐藏在每斜行的一组数里呢？进而每个小组负责一斜行数，观察这一组数有什么共同点。在交流中学生发现，每组数个位和十位上的数大都是交换位置了，进而发现个位和十位上的数的和都相等，有的是3，有的是6、9、12、15、18等，这些数都是3的倍数，然后找找更大的数，各个数位上的数的和是3的倍数的，用计算的方法验证的确是3的倍数，相反则不是。

思考：以上片段，从数的角度入手，利用学生的数感，循着直觉走下

师者情怀——傅学燕与小学数学行思录

去，利用观察发现数的特点进行思考，发现存在于数的内涵的特征。

在活动刚刚结束时，我一直感觉前三种采用搭桥的方式，给学生创设活动情境，让学生在数学活动中总结数的特征比较好，学生易于接受，教学效果比较明显。然而，慢慢沉寂下来，对比以上几种教学策略，我却一直在思考究竟哪种方式更符合数学的本质特点，更能点燃学生思维的火花，激发学生探究数的奥秘的兴趣。

以铁轨为载体认识直线不合适

综合小学数学现行各版本，线的教学内容呈现出不同的教学逻辑体系，多数是由线段引出直线概念，但也有多个版本是以现实情境图为载体，抽象出线的概念。人教版将线段的认识单独安排在二年级上册"米和厘米"长度单位的教学中，射线和直线则安排在了四年级上册角的认识之前；北师大版、苏教版、青岛版均将三种线的认识集中安排在四年级上册。不同的是北师大版、苏教版、人教版都与角的教学一起安排，而青岛版与平行线、垂线的认识一起安排。每种版本都有自己的编排体系，不同的编排体系体现了对知识之间联系的不同理解，这是无可厚非的。对直线的认识，除北师大版外，其他各版本均是通过现实情境图认识线段或射线，交代把线段的两端都无限延长就得到一条直线。由线段、射线与直线的内在联系引出直线的概念学生容易理解。

以铁轨为载体认识直线不合适。现实中的铁轨，虽然很长却是有一定长度的，况且铁轨是要转弯的，这些学生都有生活经验，铁轨的这些表象不符合直线的特点。直线是笔直的、无限长的线，只有借助线段的直观认识，才能帮助学生在头脑中建立起直线的准确概念。在使用北师大版教材时，学生都会提出疑问：铁轨是直线吗？教师真的很难解释清楚，有时干脆就不用教材的情境图，而是由线段直接引出射线、直线的认识。笔者以为，尽管教材的编排均应遵循、体现数学课程标准中"密切数学与生活的联系"的理念，但我们不能为了情境而情境，所选素材有违学生的认识水平时，宁可舍弃。

目前，流行课堂教学中引入生活情境，但却无法较好地转化为数学问题，给学生学习数学带来许多麻烦，因此，教师要充分考虑生活素材如何数学化的问题。笔者认为，首先应该重视数学本身的知识体系。数学有其很强的知识体系，在日常学习中，这种知识体系往往带有很强的连续性，在生活数学化的时候，必须遵循这种连续性，不能割裂甚至破坏这种数学知识体系。其次应该重视学习活动的延续性与联系性。课堂教学是一个有机的整体，因此，环节与环节之间必须充分考虑其延续性和联系性。生活素材数学化的时候应该充分考虑这一特征，将教学设计更加精细化。最后，应该注重生活素材数学化的无痕。生活素材数学化应该通过合理的转化，不能生搬硬套、强拉硬扯引出数学化，让学生充分感知生活与数学的联系，才能更加激发他们的学习兴趣和学习热情。

由一个优等生不认识大于号、小于号想到的

今天上课，内容是万以上数的大小比较。班上的刘嘉怡是个优等生，在上次期末测试中，她得了满分，在小组内交流时，被同学发现不认识大于号、小于号。

我也很惊讶，大于号和小于号在一年级认识10以内的数时就学习了，四年级的学生怎么会分不清呢？我问刘嘉怡是怎么回事，她说只要看哪个数大，开口就朝着哪个数写符号。这句话把我吓了一跳，我马上意识到她在学习比大小时，被灌输了做题技巧，没有理解比大小的实质。和数学组教师分析这个问题，发现在以往的"按从大到小"或"按从小到大"的顺序排列一组数时，也有过这种情况，数的排序没问题，就是使用的符号反了，现在想想应该也是相同的原因。

这个现象是不是值得我们思考呢？我想它应该不是个例，只会做题，不解其意的学生不在少数，就像我们在教学"笔算乘除法""分数乘除法""连乘问题"等内容时，常常苦于学生算题又快又准，要讲算理就一脸雾水一样。过于强化结果，忽视知识形成过程；过于看重方法、技巧，忽视现象背后的本质；过于在意成绩，忽视学生学习能力的提升。这些都是与课改理念背道而驰，也是我们应该摒弃的。

建议低年级数学教学时，一定注意给学生充足的动手操作时间，一定要有数学的学科意识，一定把教学放在提高学生学习能力上，而不是为了做题而讲题，为了做题而强化技巧，为了成绩而忽视学生发展。

有关计算教学的建议

计算课尤其是笔算除法课，在大型的优质课评选中难见它的踪影，我想原因有以下几点：一是计算课受教学进度影响，准备课有难度；二是计算课的算理算法教学比较枯燥和抽象，课堂往往比较沉闷；三是计算课教学需要学生有较好的旧知迁移能力，较强的计算能力，借班上课时，执教教师对学生情况不好把握。在日常的教学中，教师往往注重算法，忽视算理教学，或者算理算法两张皮，处理不好算理和算法的关系，因此出现学生计算能力下降的问题。如何在继承发扬计算教学传统优势的基础上，发展学生的数学思维，培养创新能力，是个很值得研究的问题。

在准备"两位数除以一位数"一课的过程中，我经历了一个相当困惑的过程，在艰难的思索中，逐步明确本课的教学重点，对课的设计也是几经周折，终于拨云见雾，思路渐渐清晰起来。在座的不少教师参与了研讨，尤其是三年级的教师们更是在学生知识准备、操作材料准备上都做了不少工作，借这个机会，也谢谢大家。

下面结合这节课，说一下我对计算教学的认识，以及经历整个过程后，自己的想法，也可以说是给教师们在以后计算教学中的些许建议。

1. 计算教学的重要地位

计算是小学数学的重要内容，它贯穿小学数学的始终，数学概念的形成、数学结论的获得，数学问题的解决等，都依赖于计算活动的参与。

2. 关注算理算法的结合

数学课标中要求计算要在理解算理的基础上，掌握算法。然而，在课堂上，如何既能让学生充分理解算理，又能掌握算法，有效沟通算理和算法，提高学生的计算能力。以两位数除以一位数为例，简单说一下。

两位数除以一位数笔算，是真正意义上笔算教学的起始课。笔算竖式对学生来说比较抽象，教学时，让学生每人都动手摆一摆，分一分，说一说，充分感知两次分小棒的过程，并用算式表示两次分小棒的过程。学生有口算的知识基础，有动手操作的活动经验，理解算理并不难，关键是在教学用竖式笔算时，首先让学生根据已有经验自己尝试着写，展现学生的原始思维，再引导学生根据分小棒的过程分析每种写法的优点和不足，最后结合分小棒过程教学竖式的书写步骤，使算理理解和算法学习有效结合。

3. 几点建议

（1）要在"计"字上下功夫，也就是在算理教学上下功夫。

（2）要在基本口算上下功夫，也就是20以内加减法，表内乘除法，基本要求是张口就来。教师们在这方面肯定有很多成功的经验，一个是继续发扬，另一个就是交流推广。抓住基础的计算，打好基础。还要注意每个年级计算内容的关键课时，如三年级的两位数除以一位数、五年级的小数除以小数、六年级的分数除法等。

（3）要在合理选择算法上下功夫。估算、口算、笔算的选择以及运算定律的选择。

（4）要在算理和算法的结合上下功夫。

（5）要在思维能力培养上下功夫。逻辑思维，创造性思维，演绎、类比推理，思维的灵活性等。

在"对话"中"生长"

2012年，我开始在课堂中践行"以师生对话最大限度地引领生生对话，培养学生的自主学习能力"这一教学主张。

经过一年多的探索与实践，注重引领生生对话，培养学生自主学习能力，已经成为数学组全体教师的共识。数学课上精彩的学生对话让教师们欣喜不已，学生学习数学的积极性被激发起来，学习的主动性得以提高，真正变"要我学"为"我要学"。

一、对"生生对话"的认识

"生生对话"是指学生之间的交流、质疑、争辩、补充，它可以使课堂生动起来。生生对话的基础是独立思考，学生通过自学拥有了个体的思想、观点、疑惑后，通过生生对话这一群体性的学习活动，来实现个性的展示、思想的交流、思维的碰撞、情感的升华，学生在交流中提升，在碰撞中感悟，在竞争中进取，由自主生创新。生生对话中，学生良好的倾听和正确表达自己想法的学习习惯得以形成；生生对话中，学生能够根据别人的发言及时调整、完善自己解决问题的方法和策略。

二、在"对话"中"生长"

课堂教学是教育教学的主阵地，生生对话就是课堂教学的主旋律，课堂是师生生命成长的平台。

1."生长"需要安全的环境

实现生生对话，首先应创设一个宽松、和谐、公平、心理安全的课堂环境，在这样的课堂上，每一个学生都能发出自己的声音，每一个学生的声音都很重要，学生是生长中的人，教师在陪伴学生成长的同时，自己的职业生命也在生长，适宜的环境有利于生长。

2.“对话”使学生生长为树林中的树

生长在旷野中的树，独占充足的阳光、水分、土壤中的养分，生长过程中无拘无束，往往生出过多的乱枝，长不成有用之才。生生对话促使学生成为树林中的树，学生在对话中互相影响，互相促进，互相竞争，大家都在积极向上，茁壮成长，木秀于林，是可造之才的群体之林。

3.“对话”呈现生长的精彩

生生对话使课堂灵动起来，使学生绽放出生命的光彩。例如，教学“长方体和正方体的认识”一课时，学生分小组研究长方体和正方体特征后，进行汇报、交流。我请一个小组到前面汇报，这个小组的两名学生，一个拿汇报单说，一个拿长方体和正方体模型配合着做演示，这种言之有物的交流，提高了交流效果。汇报完，主说的学生问下面的同学：“谁还有问题或补充？”这里完全不需要教师搭桥，是学生之间畅通的讨论和交流。

没有认真倾听，就没有生生质疑；没有深入思考，就没有思维的碰撞，更谈不上生命意义上的生长。这时作为教师的我，只需要认真倾听，由衷的欣赏，静听花开的声音！

怎样弄清"小数乘以整数"的算理

听一位教师执教"小数乘整数"一课，教学片段如下。

1. 口算导入

教师说算式，学生计算。

5.8加5.8，每次加5.8，加8次。

生：得52.2。

生：可以用乘法算，5.8乘以9。

师：5.8×9表示什么意思？

生：9个5.8相加的和是多少。

师：这个乘法以前没学过，是小数乘以整数的计算，这就是今天我们要研究的问题：小数乘以整数。

2. 探索算法

先估算一下，5.8×9得多少？

生：5.8看成6，6乘以9得54，约等于54。

师：怎么计算呢，自己试着计算。

学生汇报：

一生板演：

$$\begin{array}{r} 5.8 \\ \times\ \ 9 \\ \hline 52.2 \end{array}$$

师：还有别的方法吗？用口算怎么算？

生：0.8×9=7.2，5×9=45，45+7.2=52.2。

生：6×9=54，（6−5.8）×9=1.8，54−1.8=52.2。

教师让笔算的学生说说怎么想的。

生1：先不看小数点，算58乘以9，得522，再对着小数点，点上小数点，就是52.2。

师：为什么先不看小数点，是什么意思？

生2：就是把5.8乘以10，变成58，算完了，再用522除以10，所以就是52.2。

师：我们来梳理一下。

板书：

$$
\begin{array}{ccc}
& \xrightarrow{\text{扩大10倍}} & \\
5.8 & & 5.8 \\
\times\ 9 & & \times\ 9 \\
\hline
52.2 & \xleftarrow{} & 52.2
\end{array}
$$

$$缩小到原来的 \frac{1}{10}$$

思考： 小数乘法的教学是在学生已经学习了整数乘法、小数的意义和性质、小数加减法的基础上进行的。小数乘以整数是小数乘法的起始课，教学中同样应遵循理解算理，掌握算法，沟通算理和算法的关系这一基本原则。从上面的教学片段中可以看出，教师过多的关注了算法教学，忽视了算理的理解。小数乘以整数，表示几个相同的小数相加的和，可以用小数加法计算，用竖式做乘法时，为什么先不看小数点？为什么最后在积上点上小数点？积的小数点应该点在什么位置？这些都和小数乘法的算理有关，弄不清楚这几个问题，实际上就是算理不明。然而，我们的课堂上，常见的总是强调算法，至于为什么这么算，总是被忽视，因此，学生学习完成后，以上几个问题，能真正理解者寥寥无几。

那么，应该怎样理解小数乘以整数的算理？怎样沟通算理和算法的关系呢？我认为，小数乘以整数时，应借助直观图形，运用数形结合的方法，突破算理理解。比如，1.8×3的算理理解可借助直观图，学生看图，能够比较好地理解3个1.8，先算3个1相乘得3，再算3个0.8相乘得2.4，合起来就是5.4，用口算算式是$1 \times 3 = 3$，$0.8 \times 3 = 2.4$，$3 + 2.4 = 5.4$，如果用竖式笔算怎么写呢？学生尝试列竖式，会出现下面几种形式：

（1）
$$
\begin{array}{r}
1.8 \\
\times\ 3 \\
\hline
3 \\
2.4 \\
\hline
5.4
\end{array}
$$

（2）
$$
\begin{array}{r}
1.8 \\
\times\ 3 \\
\hline
3 \\
2.4 \\
\hline
5.4
\end{array}
$$

（3）
$$
\begin{array}{r}
1.8 \\
\times\ \ 3 \\
\hline
5.4
\end{array}
$$

依次展示学生的不同思考，在学生评价、交流中明确（1）中的3对应着1.8中个位上的1写，书写不规范。（2）中将计算分成了两层书写，不够简洁。（3）中借用了整数乘法笔算的方法，既简洁又清楚地表示出计算的步骤。

例如：

扩大10倍

$$
\begin{array}{r}
5.8 \\
\times\ 9 \\
\hline
52.2
\end{array}
\qquad\longrightarrow\qquad
\begin{array}{r}
5.8 \\
\times\ 9 \\
\hline
522
\end{array}
$$

缩小到原来的 $\dfrac{1}{10}$

利用"一个因数扩大10倍，另一个因数不变，积就扩大10倍"的逆推，就是"一个因数缩小到原来的1/10，另一个因数不变，积就缩小的原来的1/10"，这只是一种算法，是利用转化的方法，把小数乘法转化为整数乘法计算，然后利用积的变化规律推导出计算结果，严格意义上说不是计算的算理。我们有不少教师，总是在课堂上以引导学生得出这种算法为目的，而忽视了真正的算理理解，割裂了算理与算法的关系。

传统的计算教学往往只重视算法讲授，强化练习，熟练算法，正确计算，忽视学生的主动学习，忽视个性思维呈现，课改后的计算教学重视了算法多样化，重视了算理理解，然而出现了计算能力下降的现象。我认为，计算教学首先应借助直观，帮助学生真正理解算理，把直观理解、估算、口算、笔算结合起来，才是在理解算理的基础上，抽象算法，既重视算理，又重视算法，搭建好算理与算法之间的桥梁。

整数乘法关乎学生数学素养

整数乘法内容对于学生数学素养的培养同样起着重要作用。数学核心素养包括数学抽象、逻辑推理、数学建模、直观想象、数学运算、数据分析等。下面结合教学实践，谈谈整数乘法教学中如何落实直观想象、数学运算、数学抽象等数学素养。

1. 几何直观素养——以"两位数乘两位数"为例

数学课程标准中关于计算教学的要求是学生不仅要掌握如何进行计算，而且要知道相应的算理。"两位数乘两位数笔算"是在两位数乘两位数口算的基础上学习的。为了帮助学生理解算理，掌握算法，沟通算理和算法之间的关系，借助几何直观，利用点子图，帮助学生建立借助图形描述，直观理解数学的意识和能力。

教学两位数乘两位数笔算时，考虑学生的读图、用图能力比较差，教师先引导学生学习看点子图，用点子图。比如23乘以12，首先理解算式表示12个23是多少，看点子图，一排是23个点，表示23盆花，有12排，表示12个23，先在点子图上画出10个23，是230，写成乘法算式是23×10=230，再在点子图上画出2个23，是46，写成乘法算式是23×2=46，最后把230和46加起来，就是23×12的结果276。把算式用直观图表示出来，学生在动手操作中体会到用点子图可以得出结果，每一步操作都可以写成算式，也就是口算的过程，然后把分点子的过程，口算的过程，用竖式的形式表示出来，第一步是23×2=46，第二步是23×10=230（这一步230中的"0"为什么可以不写？为了方便，美观，便于观察），第三步是46+230=276。画点子图、口算、笔算，算理理清了，算法也得出了，有效地进行了几何直观素养培养。（课堂观察中，发现有不到10个学生弄不明白怎么用竖式计算，小组内同学互相帮助、讲解，基本上都会了。但是，要想达到熟练掌握，还需要加强巩固练习。课后访谈了两名学生，他们都是家长提前教了竖式，但是为什么可以这样写，都不明白，通过课堂上利用点子图进行直观教学，学生明白了算理，通过点子图、口算、笔算的联系，帮助学生明白算理，懂得算法。）

2. 数学运算素养——以"整数乘法复习"为例

"整数乘法"的教学内容包括：表内乘法、一位数乘多位数、两位数乘两位数、三位数乘两位数。整数乘法内容在小学数学中具有非常重要的地位，但不可否认的是计算教学一直没有摆脱给学生枯燥无味之感。整数乘法复习时，教师首先让学生整体上建构出整数乘法内容框架，感受整数乘法内容前后知识之间有着密切的联系，有一种逻辑之美，然后利用乘法口诀体会运算中蕴含的韵律美、文化美，利用层次性比较强的一组乘法计算挖掘运算中的规则美，用数学本身独具的魅力感动学生，从而改变学生认为计算就是算题，算对就行这一单一、片面的认识。

读《我与橘皮的往事》

梁晓声的大名早就听说过，但他到底有什么大作却不是很清楚，自从拜读了《呵护心灵花园》这篇小文章，我对他尤其佩服，佩服他为人父的细心，指引孩子健康成长的用心。

前几天，我又读到他的《我与橘皮的往事》这篇文章，文中那位外表刻板、严肃、不苟言笑的班主任教师形象深深地印在我的脑海中。孩子因为为妈妈治哮喘病，偷偷地从校办工厂中拿走一点橘皮，被同学告发后，成了同学耻笑、老师蔑视的对象，从此抬不起头来，甚至有了死的念头。当这位班主任老师休完产假，上班后了解到情况后，她的做法很令人感动。她把责任揽在了自己身上，说橘皮是她让"我"拿的，不仅在班上郑重声明，"我"不是小偷，而且在学校广播中向全校师生声明。从此，"我"又找回了自信，生命得到救赎，不仅重燃生命的火焰，而且在写作方面有了自己的成就。

这篇文章，之所以触动我，是因为这位班主任教师外显与内在的强烈反差。一位看似严肃、刻板的教师，内心却燃烧着一团火焰，为了拯救一位学生的心灵，她是那样的执着、勇敢，不惜牺牲自己的颜面。我想，这都源于教师的责任心。

责任重于泰山啊！

第五章

学习交流　从未止步

教学指导教师工作汇报

2011年8月21日到2012年8月6日，我有幸被推选为教育部第七批赴港教学指导教师，参与了教师交流协作计划。这是一项光荣而艰巨的任务。这一年，注定会深深地印在我的心中。

一、主要工作

我们的工作性质是协作交流，每个人服务五所学校，其中两所驻校，三所网校，形式基本为共同备课、观课议课、示范课、工作坊，并应学校要求开展一些数学活动（试卷分析、各年级教学重难点分析及教学建议、考前试卷检查建议、数学游踪等）。另外教育局还统筹安排了个人区域网络活动、小组区本网络活动、同组全港分享会、个人总结分享会，基本形式是示范课、评课、讲座。

1. 共同备课

因为交流学校自主选择教材，教材多样，所以我的任务无形之中就会增加许多。在备课时，我先听取他们的观点，然后再融入我们的教学理念，由于文化等方面的差异，想将我的想法强加给协作学校的教师是不现实的，所以只能提出建议，在共同商讨探究的过程中达成共识。在个性中寻求共性，在共性中发展个性。例如，20以内的加减法教学，我们的方法是"凑十法"和"想加算减法"，而协作学校是用数的组合来教学，整个编排完全不同，当我把"凑十法"和"想加算减法"详细地进行讲解后，协作学校的教师们很感兴趣，并在课堂上进行了大胆尝试。后期访谈中了解到，学生对计算的掌握效果很好。

2. 观课议课

协作学校的教师是不轻易让同事观课的。参与协作计划的学校情况各不相同，有的安排，有的不安排，我服务的学校安排了六十五节课，使我可以走进课堂，比较深入地了解教师、学生的课堂教学状况。说实话，进课堂是名副其实的"观课",因为自己不懂粤语,所有的教学行为只能靠眼看,障碍挺大的,不过基本教学环节还是能够看得懂,教师轻松自然地授课风格让我耳目一新,感触比较深。不看授课内容、授课方法,单就教师和蔼可亲的笑容、丰富贴切的肢体语言,自然就拉近了师生之间的关系。这是值得我学习的地方。

3. 示范课

一般来说,由于语言的障碍我们是不方便上示范课的,但是我的一所协作学校非常诚恳地提出了要求,我实在难以拒绝,所以执教了一节示范课"分数除以整数",因为他们感觉分数除法很难让学生明白:为什么除以一个数会变成乘这个数的倒数(这也是协作学校教师普遍关心的、认为是难点的问题)。说实话,接下这节课,我的心里真有压力。原因主要是他们总提这个问题,说明这确实是一个难题,在学生普通话还不是十分顺畅的情况下教学,我心里没底。其次,造成这个难题的原因是什么,还需要对教材进行深入了解。压力有时会变成动力,于是我开始收集内地教师的教学案例,在不同的学校交流时向他们了解对分数除法教学的困惑,造成困难的原因是什么。从课后和教师们的交流中,看得出他们很认可我的教学方式,对内地在课堂教学方面的研究也是很佩服。

4. 工作坊、分享会、专题讲座

工作坊、分享会、讲座,其实形式差不多,根据协作学校要求,结合教师普遍关心的话题展开,"数学课堂提问与回馈""数学课堂教学语言""被忽略的简便计算""计算教学之算理和算法""数学课中的转化思想渗透""审题——应用题教学的抓手""从全港性质量评估考试看各年级教学难点及教学建议""两地教材在空间与图形领域的比较""如何观课、评课"等是我和他们分享的话题,特别是对小数除法中余数为什么是小数和算理与算法的教学所做的阐释,对协作学校教师启发很大。

在参与备课、上课、看课、评课、各种讲座分享的同时,我还参加了省数学教学能手评选,需要抽出时间看各年级的教材,大范围的准备课,工作难度和密度可想而知。不幸的是因长期匍床工作,自己腰脊椎关节突出,又不愿去医院挂诊,就自己买膏药贴;更不幸的是我对膏药过敏,身上起了密密麻麻的小红疙瘩,奇痒难忍,不敢再自己乱用药,受了一个月的煎熬终于不痒了,背痛也成了交流协作一年的印记。

二、收获和感悟

"一年说长很长，说短很短""一年不长也不短"，这是我在参与协作计划之前和将要结束协作任务时各写的一句话。话虽不多，却是我当时心情的真实写照。

交流协作工作的一年，是辛苦的。经历了太多太多，辛酸与快乐同在，失去与收获并存。繁忙的工作，紧张的节奏，风里来雨里去，独自疾步在上班的路上，行单影只在陌生的街头，拥挤在人海如潮的地铁里，与素不相识的人坐在一桌，吃着具有香港特色的快餐，中午干坐着等待下午的工作，每逢佳节望着故乡的方向，思念远方的朋友和家人……这就是参与协作计划一年最真实的生活写照。一旦踏入学校，就完全投入忘我的工作状态，和教师们一起备课、听课、上课、交流，听着教师们有特色的普通话和孩子们天真的话语，感受着大家的热情与友好，那一刻，我又是快乐的。一年里，失去了很多与家人、朋友团聚的时间与机会，为了肩膀上那份责任和重托，默默坚守，穿梭于各学校之间，与教师一道解决教学上的各类难题。

这一年，是丰收的。结识了一批来自全国各地的优秀教师。赴港交流的教师来自18个省市，共61名，他们在各个不同的领域有着独到的研究，取得了丰硕的成果，有的是教材的编写者之一，有的是全国学科带头人，每个人都有自己的绝活，都能独当一面，用詹总监的话说，是"用特殊材料做成的"。我们在一起学习培训，一起上班下班，一起上课备课，一起娱乐游戏，从他们的身上，我学到了很多专业的知识，敬业的态度，严谨的作风，与他们结下了深厚的友谊，在未来的教育教学工作中，也将成为生活中的良师益友，工作中的互助伙伴，成长道路上的亲密朋友，携手并肩，共同成长与进步。

这一年的工作和生活，对自己的人生观、教育观产生极大的影响。这个只有1100平方公里的土地上，生活着700多万常住人口，是人口较为密集的地区，其中旺角是世界上人口最密集的地区之一在世界最有竞争力的城市排名中仅次于伦敦和纽约，名列第三。香港是一个自由、法制、多元、国际化的大都市，这里的人以乐于学习、善于沟通、勇于承担、敢于创新。在这人口高度集中的城市里，工作、生活秩序井然，印象最深的是它的交通，可以用"上天入地"来形容，人车分道，行人都走在天桥上，天桥连着楼与楼，走很远的路都不需要下到地面，赶路的人通过高速、快捷的地铁在地下穿行，巴士、私家车、出租车在地面上行驶，形成三道立体的交通网络，人多车多，却几乎没有堵车现象，令很多游客感慨万千。这里是个自由的国际大都会，良好的治安环境与生活秩序，平等的人际关系，较好的社会福利，使得生活在这里的人都很有家的感觉，特别是在照顾弱势群体方面，做的尤为突出，在寸土寸金的香港，每个人行天桥，都有电梯或残疾人通道，生活上有困难的家庭可以申请援助，家庭有问题的只要打一个电话，就有社工上门为你服务……教育是社会团体办的小教育，与我们办的大教育有所不同，但教育同人对教育的那份热忱与执着，给我留下很深的印象。协作学校工作计划性强、实用性强、服务周到、关注学生、注重细节、讲团队精神，教师敬业乐业，吃苦耐劳，专业精湛，多才多艺，儒雅大气，谦逊温和，守时务实。学校每学年的工作，包括内地教师的交流计划在内，都会在工作计划中进行详细的安排，细到某年某月某日什么时间在什么地方做什么工作，由谁来负责，非常清楚明了，所有参加的人，人手一份，按部就班，非常到位，可操作性强。我们根据计划到学校工作时，学校校务处的工作人员都会带我们到指定的地方准备，服务意识强，细节考虑周到，工作有条不紊，时间安排准时，从不推迟与拖延。香港的教育同人十分注重团队精神，每一项工作，大家分工负责，相互配合，体现了较好的合作意识。有一次，我们参加一个教材培训，主讲的有两位主任，但其他的工作人员都会站在台上，一直到培训结束，前后有近三个小时的时间，让内地的交流教师们深有感触。这里的教师上班时间一般都是上午7点到学校，下午六七点才离开学校，中午只有一个小时的吃饭时间，而且吃饭时还要在教室里看管学生用午餐。工作量很大，一般的教师每周都要上30节课左右，平均每天6节，而且每一位教师还要负责学校某一方面活动的组织和安排。在课程安排上，教师不但要跨学科，而且还要跨年级，一般的教师都要教三科以上的学科，跨三个年级上课，工作强度之大可想而知。教师都十分敬业，他们全身心地投入教学的精神，使我很受感动。他们能胜任多项工作，既能教语文，又能教数学，还能教英语及音乐、体育，在一堂课上同时用粤语、普通话、英语上课，因为学生当中，有本地的、有来自内地的、有来自东南亚国家的，为照顾学生的个性差异，教师付出的更多。教师在与学生、家长交流方面也值得我们学习。教师对每一个学生都非常关心，有一所学校，校长、教师能叫出每一位学生的名字，连校工都能认识哪位家长是哪位学生的家长，学校的每一项大型的活动，都有很多的家长义工会来学校帮忙，家长们像学校教师一样，非常认真地投入学校的各项工作中，真正做到家校携手。

感受到先进高效的管理理念与现代化的办公模式。在这里，时间观念十分重要，每个人无论做什么，守时是第一要素，按时上班、下班，会议几点到几点，一到点就开始或结束，从不会因外界的因素，提早或延后。工作自觉性很高，每个人都在自己的工作岗位上做自己的事，辛勤努力着，没有谁来监督，全凭个人的自觉，每天上班10小时，早到的不会早走，但晚到的一定会晚走。学校先进的办公设备，让我大开眼界，无偿使用的电脑随处可见，地铁站、街市、商场都有。在一年时间里，我深深体会到现代化技术给人们带来的方便，感受到人的办公理念，学习到很多新的技巧与方法。我所有的课件、讲座PPT、分享会简报，都是自己设计与制作的，大大提高我在计算机方面的能力。

通过一年的交流与协作，增进了与协作教师的了解，结下深厚的友谊，促进两地教师的沟通与交流。在和各学校教师交流协作的过程中，我始终以最真诚的态度，传播友好、善意，与协作教师交朋友；以求真务实的专业精神，向协作学校教师介绍内地的教育状况，毫无保留地把自己的教学经验与方法与他们分享，与他们建立很好的伙伴关系。

协作校示范课课例

在与协作学校教师交流时，他们经常提到这样一个问题：分数除法教学中，除以一个数等于乘以这个数的倒数，其中的道理是什么？学生运用计算方法做题一般没有问题，但他们却不明白为什么这么算，教师应该怎么教？

我负责的一所住校还专门要求我给他们执教一节分数除法的示范课。以下是教学设计。

【教学目标】

1. 通过直观演示，使学生理解分数除以整数的计算方法。

2. 在不同方法的比较中，加深对除以一个整数转化成乘以几分之一计算方法的认识。

【课前交流】

调动学生发言的积极性。

出示"一山一水一圣人"自我介绍。

问题：听了刚才的介绍，你有什么问题要问傅老师吗？（如果学生没有问题，教师就激励一下：老师从家乡带给同学们一点小礼物，要奖励给积极发言的同学。或者问：傅老师和麦老师有什么不同？）

学生做一组题目，介绍倒数概念。

【教学过程】

（一）创设情境

1. 分礼物，利用整数乘除法引入

请同学帮老师一个忙，我想每人奖励1块糖，全班有多少人？全班有38人，我需要准备多少块糖？用算式怎么表示？

我有76块糖，平均分给38名同学，每人分多少块？怎样列式？为什么用除法？

2. 出示问题

（1）把6张纸平均分成2份，每份是多少张纸？怎么想的？（板书：6÷2）

（2）把1张纸平均分成2份，每份是多少张纸？怎么想的？（板书：1÷2）

（3）把4/5张纸平均分成2份，每份是多少张纸？怎么想的？（板书：4/5÷2）

这是一个分数除以整数的计算，也就是这节课我们要研究的内容。（板书：分数除以整数）

（二）学习新课

（1）4/5÷2=2/5，你有哪些方法来证明4/5÷2=2/5。

学生可能出现的方法有：

4/5÷2=4÷2/5=2/5；

4/5÷2=0.8÷2=0.4；

4/5÷2=4/5×1/2=2/5。

问：你喜欢哪种方法？为什么？

课件出示演示图。

（2）用你喜欢的方法算一算4/5÷3。

汇报，可能的方法有：

4/5÷3=12/15÷3=4/15；

4/5÷3=0.8÷3=0.26（6循环）；

4/5÷3=4/5×1/3=4/15。

哪些同学用的4/5÷3=4/5×1/3=4/15，课件演示。

讨论为什么用这种方法。

（3）用这种方法可不可以计算6÷2，1÷2，你还能举出这样的例子吗？

（4）观察这些算式，你有什么发现，先在小组内交流。

（板书：分数除以整数，等于乘以这个数的倒数）

（三）巩固方法

（1）8/9÷6=（   ）

4/15÷2=（   ）

（2）3/8÷7=（   ）×（   ）

6/13 ÷ 9 = （　　　）×（　　　）

5/8 ÷ 10 = （　　　）○（　　　）

8/15 ÷ 6 = （　　　）○（　　　）

5/3 ÷ 5 = （　　　）○（　　　）

（3）解决实际问题

一瓶果酱有1/2千克，小明家5天吃完，平均每天吃多少千克？是多少克？

（4）填一填

（　　　）×5=1/2，（　　　）×2=4/5，4×（　　　）=1/4

（四）总结

本节课学习了什么？你有哪些收获？

六年级学生在数学科各范畴的
学习弱点及对策简析

在协作交流的这段时间里，和协作校教师一起分析了TSA考试中学生存在的主要问题，现总结如下。

一、数与代数范畴

（一）存在的主要问题

1. 计算准确性问题。

2. 应用列举法找公倍数、公因数问题。

3. 方程的概念理解问题。

4. 应用题审题问题，数量关系的理解问题，有余数除法应用题对于余数不同的处理问题等。

5. 简算的应用问题。

（二）建议

1. 计算中如$1/3+1/3 \div 2/3$这类题目出错，是学生受强资讯干扰的问题，并不是不懂运算顺序；$345-27-145$这类题目，观察数的特点，应该比较容易想到运用简便算法，使计算简便而且避免出错。这些不是一般意义上的计算题，需要教师在平时的教学中善于引导学生发现有特点的计算题，寻找的过程是增强学生数感的过程，也是训练思维的过程，避免单纯地为了计算而教计算。比如$20 \div 6 \times 42$是需要变形后才可计算的，学生有这方面的经验方能灵活处理。

2. 列举出两个数的公因数或公倍数，实际上是找最大公约数和最小公倍数的应用。两个数的最大公约数的因数就是它们的公约数，两个数的最小公倍数的倍数就是它们的公倍数。这需要教学时教师的提炼与学生的经验积累。

3. 方程是含有未知数的等式。关键词是：未知数、等式。形如$x=5$，不是方程，是方程的解，$x=5+24$也是方程的解。

4. 用有余数除法解决实际问题时，有"添一"和"去尾"两种方法。何时需要把余数去掉商添一，何时把余数去掉商不变，这需要教学时教师提供大量的现实素材，让学生切实感受，利用生活经验形成知识经验。比如"添一"的情况：一群人外出坐缆车、坐船、坐车、包装物品、搭帐篷等。"去尾"的情况：做衣服需要布料、小组分物品等。

5. 应用题教学。解答应用题的关键是在审题的基础上找出数量关系，并正确计算从而解答。

（1）审题的基本方法

① 多读题解法

读应用题不能一读而过。要想通过读题理解题意，起码要做到三读；一读了解题目讲的是什么事；二读弄清题目条件和问题；三读思考解题的途径和方法。应用题学生解错相当多的情况与没有认真读题有关。例如，小明买了2个笔记本和一个笔盒。一个笔记本18元，一个笔盒26元。买笔盒比笔记本少用多少钱？有的学生列式为：$26-18=8$（元）。这里出错的原因就是把"2个笔记本"忽略了，这是不细心读题造成的。所以加强读题指导，要舍得在培养学生读题上下功夫。

② 画、批审题法

画、批审题法是在看题的过程中动动笔，对题目的条件、问题、关键词和初步分析结果，通过特定的符号、精练的词语加以表达，从而求解的一种审题方法。例如，梨有25个，梨比苹果少9个，苹果有多少个？这道逆向思维题，学生画出关键句"梨比苹果少9个"，又得出"梨少"，画了关键词，题中有梨求苹果，也就是求大数，很多容易列出算式，而不会见"少"就减，以致发生列式为$25-9=16$的错误了。通过这种方法，大大加快了学生审题与解题的过程，提高了解题的正确率。

③ 画图审题法

线段图是一种半直观半抽象的思维工具。根据题意画出线段图，就可以把题目的条件、问题与数量关系生动形象地展现在图上，从而比较容易地看出解题的方法和途径。例如，商店运来一批苹果，卖出1/4，又运来36箱，这时比原来还多1/5，原来有苹果多少箱？猛一看这道题似乎无从下手，当你画出线段图时，解题思路和方法就跃然纸上：$36\div(1/4+1/5)$。这是一种较常用而有效的审题方法。

④ 图解审题法

图解审题法是从应用题的问题出发，按照解决一个问题需要两个条件，逐步追溯到"已知"，从而确定解题思路的一种方法。例如，有一项工程，甲乙合作6天完成。现甲乙合作3天后，余下的由乙单独做了5天刚好完工。甲单独做需要几天？本题列式为：$1 \div [1/6-(1-1/6 \times 3) \div 5]$。

⑤ 摘录整理法

为了帮助学生在读题或画、批的基础上迅速确定解题途径，教给学生把找到的问题和条件加以摘录整理，并且按照一定的规律进行排列的方法。这种方法因应用题而异，要结合具体题目进行指导。例如，一项工程，甲乙合作需6天，乙丙合作需10天，甲丙合作需12天，现三人合作需几天完成？可分类整理如下：

甲效率+乙效率=1/6；

乙效率+丙效率=1/10；

甲效率+丙效率=1/12。

通过摘录，学生很快看出"三个效率和相加"正好是"三人效率和的2倍"，于是问题迎刃而解了。

（2）列方程解应用题的一般步骤是审、设、列、解、验、答

① 审：读题。首先分析题目类型，找出题中的基本量（一般是三个）、基本公式和变化过程，分清已知量、未知量及其关系，把不常见的题型转化为常见题型来处理；然后根据题中给出的过程或状态（一个或两个）找出题目中的等量关系（一个或两个）。经常使用的分析方法有：图示法（线段型或框架型）或列表法。

② 设：根据问题设出未知数，注意把单位带正确。通常有直接设法或间接设法，特殊的还可设辅助未知数。

③ 列：将等量关系中的每一个量都用题目中的已知数和设出的未知数表示出来（列代数式），根据等量关系列出方程。注意方程两边数值单位相同，意义相同。

④ 解：解方程（解法因题而异）。间接设的问题及有多个未知数的问题不要有遗漏，紧扣题中所问的问题得出最终结果。

⑤ 验：检验解方程的结果是否是方程的解；将解出的结果带入题设的实

际问题情境进行检验。

⑥ 答：根据题中所问写……

比如，商店运来8筐苹果和10筐梨，一共重820千克。每筐苹果重45千克，每筐梨重多少千克？

师：边看题边想想。这道题的意思是什么？有哪些已知条件？要求的问题是什么？按照列方程解应用题的一般步骤，第一步你准备做哪件事？

生：题中告诉我们商店运来两种水果，一种是苹果，一种是梨。已知条件是运来8筐苹果和10筐梨，两种水果一共重820千克，每筐苹果重45千克。要求的问题是每筐梨重多少千克。我第一步准备设每筐梨重x千克，这样把问题变成了条件。

师：真能干。其他同学都会这样想吗？（板书：设每筐梨重x千克）当我们用x表示题里的未知数以后，就把问题转化成了条件。下面请同学们把"每筐梨重x千克"当作条件和题中原有的条件放在一起，找一找数量间的相等关系。大家可以议论议论。

师：谁能告诉大家，你根据题意找出了哪两个数量间的相等关系。

生：我找的是8筐苹果的重量加上10筐梨的重量正好等于两种水果的总重量820千克。

师：还找出了其他相等关系吗？

生：我找的相等关系是从两种水果的总量里减去10筐梨的重量就刚好是8筐苹果的重量。

生：我想的是从两种水果的总重量820千克里减去8筐苹果的重量就等于10筐梨的重量了。

师：好了。刚才已有三位同学代表大家找出了题中数量间不同的相等关系。这些关系不仅得正确，而且都注意了先用"每筐梨重x千克"去和题里原有的条件合在一起，再找出数量间的相等关系。这样考虑问题的方法很好。可以怎样列方程？这样好不好，因为要想发言的同学太多，所以请一位同学代表大家的意见列出一个方程后，再请另一位同学简要地说出所列方程是不是正确，为什么？谁先说？

生：可以这样列方程$45 \times 8 + 10x = 820$。（板书）

师：有多少同学会列出这个方程？（全班都会）太好了。这个方程对吗？为什么？可别把手放下去了。

生：这个方程是正确的。因为方程的左边这个含字母的式子表示两种水果的总重量，方程右边的820千克也是两种水果的总重量。所以，根据总重量等于总重量的关系列出的这个方程是正确的。

师：说得真不错。谁能再说说为什么方程的左边这个含字母的式子是表示两种水果的总重量？

生：因为45千克是每筐苹果的重量，8是苹果的筐数。45×8是表示苹果的总重量。x表示每筐梨的重量，10表示梨的筐数。$10x$表示梨的总重量。$45 \times 8 + 10x$这个含字母的式子表示苹果和梨一共的重量。

师：真能干，请坐。请全班同学在作业本上用方程解答这道题。解答后请翻开课本第24页和书上的解答对照一下，看看自己的解答与书上的解答是不是相同。（师巡视并有意请一位差生在黑板上解答）

师：解答完后检查了吗？和这名同学解答一样的有哪些同学？（生举手示意）谁来说说你是如何检查的？

生：把方程的解代入原方程左边，360+460等于820，方程的右边也等于820，所以$x=46$是原方程的解。

师：检查的过程虽然不要求写出来，但我们要养成检查的习惯，检查后再写出答案。

师：还有不同意见吗？

生：我列的方程和书上的不一样。我根据苹果的重量等于苹果的重量的相等关系列的。$820-10x=45 \times 8$，方程的解还是46。（板书这个方程）

师：非常好。能根据不同的相等关系列出不同的方程，但方程的解却是相同的。很会动脑筋。还可以怎样列方程？

生：我列的方程是$820-45 \times 8=10x$。相等关系是梨的重量同梨的重量相等。

师：这个方程对吗？

生：我觉得不完全对。解方程不好写。

生：这个方程是对的。因为相等关系找对了。

师：这样，老师说说看法。应该说这个方程是正确的。因为它是根据梨的重量等于梨的重量的相等关系列出的方程。只不过我们习惯的写法是把含字母的式子写在等式的左边。如果列出了这样的方程只需要把等式左右两边调换一下，就便于我们解方程了。

师（小结）：这节课我们学了列方程解稍复杂的应用题。下面让我们一起根据大家在解题中的思考过程，再来总结一下解题的思路。想想看，在解题过程中你先怎样，再怎样，然后怎样，最后怎样？谁能结合自己刚才解题中的思考过程一步接一步地说出来。

生：第一步是读题后把问题转化成条件；第二步是把转化来的条件拿来和题中原有的条件放在一起；第三步是找数量和数量间的相等关系；第四步是根据相等关系列方程；第五步是解方程；最后一步是检查和写出答案。

师：谁能把这名同学总结的思路再说一遍？

生：第一步……（教师边引导边板书解题步骤）

师：这就是今天我们学习的列方程解稍复杂应用题的解题思路，也就是我们的思考过程。另外，同学们在学习中肯动脑筋，会动脑筋，同一道题列出了不同的几个方程，它们的解都相同。这是因为数量间的相等关系不止一个，根据不同的相等关系就可以列出不同的方程来。但要注意，方程是不是列正确了不是看方程的"样子"，而是要看相等关系找对没有。只要按照这样的思路正确地去列方程都可以。

二、空间与图形范畴

（一）存在的主要问题

（1）平面图形、立体图形的名称和特点分辨不清，主要是菱形、梯形，柱体、锥体。

（2）直线、曲线、平行线、垂线分辨不清的问题。

（二）建议

（1）对图形的直观感知，包括看、摸、玩等，教学时，让学生多种感官参与活动，增强学生的直观认识，丰富认知经验很重要。特别是对长方形与正方形、平行四边形与菱形的认识，还有梯形的认识。

（2）关于三角形的分类，应该条理一些，比如，三角形按角分可以分为锐角三角形、直角三角形、钝角三角形，按边分可以分为一般三角形和等腰三角形（等边三角形），教学时可以用集合图来说明。

（3）立体中的球要注意区分数学上的名称与生活中的不同。如橄榄球、地球等，虽然生活中称为球，但它们并不是数学上的球体。

（4）垂线与平行线的教学，关键是让学生理解这是研究两条直线的位置关系，是线与线的位置关系，谁是谁的垂线、平行线，谁和谁互相垂直、互相平行等。

三、度量范畴

（一）存在的主要问题

（1）年、月、日、星期、时、分、秒的认识。

（2）计算经过时间。

（3）24时计时法。

（4）测量长度，选择合适单位。

（5）不同单位的换算。钱币单位、长度单位、质量单位、面积单位、体积单位、容积单位等。

（6）圆的周长公式的应用，图形周界的计算，图形体积、容积的计算，图形面积的计算。

（7）用数方格的方法求图形面积。

（二）建议

（1）熟悉年历、日历、钟面以及不同单位间的进率。

时间单位：

1年=12个月	大月：1月、3月、5月、7月、8月、10月、12月	31天
	小月：4月、6月、9月、11月	30天
1年=365天（366天）	闰月：2月	28（29）天
1年=4个季度	第一季度：1月、2月、3月	90或91天
	第二季度：4月、5月、6月	91天
	第三季度：7月、8月、9月	92天
	第四季度：10月、11月、12月	92天

1时=60分　　　1分=60秒

长度单位：

1千米=1000米　　1米=10分米　　1分米=10厘米　　1厘米=10毫米

面积单位：

1平方千米=100公顷=1000000平方米

1平方米=100平方分米

1平方分米=100平方厘米

体积单位：

1立方米=1000立方分米　　　1立方分米=1000立方厘米

容积单位：

1升=1000毫升

质量单位：

1吨=1000千克　　　1千克=1000克

计算公式：

长方形的周长=（长+宽）×2

正方形的周长=边长×4

圆的周长=直径×圆周率

长方形的面积=长×宽

正方形的面积=边长×边长

平行四边形的面积=底×高

三角形的面积=底×高÷2

梯形的面积=（上底+下底）×高÷2

圆的面积=圆周率×半径^2

长方体的体积=长×宽×高

正方体的体积=边长×边长×边长

圆柱的体积=底面积×高

圆锥的体积=底面积×高×1/3

……

（2）计算经过的时间，可借助日历、钟面，也可分段计算。计算时间可以用竖式，标上单位。计算钱币与计算时间一样。

（3）公式的得出需要学生动手操作，经历直观感知—理解—记忆的过程。

（4）公式的变式、应用，需要练习巩固。

（5）积累知识经验，才能综合灵活应用。

（6）选择适当的单位名称。首先分清需要填的是什么单位，然后结合实例想象实物的样子，最后对比不同单位的效果。

四、数据处理

（一）存在的主要问题

（1）读图能力。

（2）根据资料分析、解决问题的能力。

（3）统计图的标题问题。

（二）建议

（1）资料处理范畴中象形图、棒形图，都是简单的资料整理图。教学时，应重点引导学生观察图中资讯，横轴、数轴分别表示的意义，能准确读出图中资料，这些都是基本的要求。

（2）形成教学模式，看到统计图，得到资料后，下一步是观察、比较资料间的关系。比如，谁最多，谁最少；谁和谁同样多；谁比谁多多少，谁比谁少多少等。

（3）统计图的标题，主要是教师在平时教学时，有意识地引导学生说、写名称即可，这是要求的问题，并不是难点。

走进协作学校数学课堂

笔者参与了教育部第七批赴港教学指导工作。一年间，深入香港小学，走进课堂，与香港教师、学生零距离交流，收获很多，思考很多，对课堂教学产生的影响也很大。

一、课堂教学中处处渗透良好公民素养的培养

"傅老师，您好！"走进教室，全体学生起立，数学科教师向学生介绍观课教师，然后学生一起向老师问好，最后是向他们自己的老师问好。有多位观课教师时，他们都会逐一问好，我们在学生前面站成一排，向学生问好，然后才正式上课。"傅老师，您请坐。"这是我到一所男校观课时，一个三年级学生帮我搬出椅子后说的一句话。小男孩让人感觉亲切、大方，又彬彬有礼。我从教二十几年，特别是近几年，总在给学生纠正一个问题，就是"请你们不要叫我数学老师，叫我傅老师，好吗？学校数学老师有很多，我是你们的任课老师，我喜欢你们称呼我的姓"。其实，在我们还是学生时，就有"生物老师""几何老师"等叫法，我想，这不是简单的称呼问题，这里面折射的是起码的尊重问题。

一节小学二年级的数学课上，刘老师喜欢用抽签的方式决定哪位学生回答问题，学生发言积极，课堂活动安静、有序。课下交流时，我问刘老师为什么会用抽签的方法，时间长了，学生感兴趣吗？刘老师说："我给每个学生标上序号，抽到几号，就叫他的名字，这样做的好处，一是保护学生的积极性和自尊心，因为当多个学生举手回答问题时，老师随便指名回答，没有被叫到的学生就会失去兴趣，特别是学习基础差的学生自尊心还会受到伤害；二是集中学生的注意力，因为每次回答问题，学生都不知道会抽到谁，每次都会集中精力做准备，避免被老师叫到回答不出的尴尬；三是可以面向全体，根据概率，全班学生被叫到的可能性相同，在一节课上，能做到尽可能多的学生发言，提

高学生的参与面，从而形成良好的课堂学习氛围，激发学生学习的主动性。"一个小小的签盒，折射出教师对学生无声的关爱，对秩序的尊重。

我在数学课上尝试使用抽签筒以后，没有了以往高年级学生不爱发言的情况，取而代之的是学生争先恐后的举手，满眼期待地看着我的抽签筒，甚至有的学生会默默地念着自己的学号，没有了课堂上的吵吵嚷嚷，有的是秩序井然的交流；没有了回答错误的尴尬，有的是学习困难的学生发言后，同学、老师鼓励的掌声。数学课上学生发言积极，学风正，学力足，我常常被我的学生感动着。

二、课堂氛围轻松，师生关系和谐

协作学校一节课30或35分钟，一天里，上午6节课，三节连上，学生不下课，只是换老师，有的连老师都不用换，因为没有专任学科教师，每个教师都上好几个学科，在一个班里，有时同一位教师上完语文课马上换数学课。三节课后有个类似大课间的休息时间，学生或者活动，或者吃点东西，然后再上三节课。中午吃饭和休息1小时，接着又是三节课，下午学生很早就放学了。在这样"连轴转"的工作强度下，教师很少有坐在办公室内的时间，几乎一天都和学生在一起。然而，走进他们的数学课堂，看到的不是眉头紧锁的厌烦和疲惫，而是满脸的笑容，尤其是学生在发言时，教师满面笑容地看着学生，认真地听他发言，并及时地给予鼓励。学生在课堂上很放松，有需要的话随时可以上卫生间，发言或者到前面板演后，自己就在黑板上的评价表里做上记号，然后一脸自豪地回到座位上。在这样的数学课上，课堂容量比较小，一节课有时就讨论一个问题，没有紧张的学习气氛，没有教师的大声指责和呵斥，没有同学的起哄，甚至没有规范的板书，一派天下太平的景象。心理学家说："一个人，只有在心理安全的氛围中，他的创造力才能得到最大的发挥。"在我的数学课上，我一直努力给学生创设心理安全的课堂环境，让学生在和谐、轻松、向上的氛围中思想、表达、尝试，快乐学习，健康成长。

三、交流共享，互通有无

教材由学校选择，不同的协作学校使用的教材各不相同，但教师普遍关心这几个问题：分数除法为什么除以一个数，变成乘以这个数的倒数？小数除法为什么余数是小数？怎么解决解方程时计算错误的问题？怎么提高一年级学生的计算能力？综合以上问题，翻阅各版本教材，我发现如20以内的加减法，协作学校大都采用数的组合进行教学，得数是18的加法，就呈现一排18个实物图，分成两部分，看图来写加法算式，学生不用思考，看图数数就可以，思维停留在直观上，没有抽象出数学模型。如9加几的计算方法，想加算减的方法等，要想达到计算的快速与准确，确实比较难。在交流时，我介绍了20以内进位加法和退位减法表的使用方法，他们非常感兴趣，我们共同备课，采用凑十法学习了9、8、7的加法，反响极好。我还介绍了共45句的乘法口诀表，他们也很喜欢。再如分数除法，理解"除以一个数等于乘以这个数的倒数"的关键是：学生能够借助几何直观图，利用已有的分数意义以及分数与除法的关系这些知识经验，在动手操作中达到理解。

协作交流，让我们能够"各美其美，美人之美，美美与共"。